新时代广东高校立德树人工作研究系列

编 委 会

主 编：朱孔军

编 委（以姓氏笔画为序）：

　　　　王　岩　　左鹏军　　刘志文　　刘志铭　　刘科荣

　　　　陈金龙　　林伟涛　　胡庭胜　　蒋达勇

广东省教育科学规划课题（党的十九大精神研究专项）丛书之
新时代广东高校立德树人工作研究系列

GUANGDONG GAOXIAO ZIZHU YUREN GONGZUO YANJIU

广东高校资助育人工作研究

王 岩 ◎ 编著

广东高等教育出版社
Guangdong Higher Education Press
·广州·

图书在版编目（CIP）数据

广东高校资助育人工作研究/王岩编著. —广州：广东高等教育出版社，2019.12

［广东省教育科学规划课程（党的十九大精神研究专项）丛书之新时代广东高校立德树人工作研究系列］

ISBN 978-7-5361-6548-9

Ⅰ. ①广… Ⅱ. ①王… Ⅲ. ①高等学校－助学金－学校管理－研究－广东 Ⅳ. ①G649.20

中国版本图书馆 CIP 数据核字（2019）第 173817 号

出版发行	广东高等教育出版社
	地址：广州市天河区林和西横路
	邮政编码：510500　电话：（020）87553335
	http://www.gdgjs.com.cn
印　刷	广州市穗彩印务有限公司
开　本	787 毫米 × 1 092 毫米　1/16
印　张	13.25
字　数	210 千
版　次	2019 年 12 月第 1 版　2019 年 12 月第 1 次印刷
定　价	48.00 元

总　序

　　培养什么人、怎样培养人、为谁培养人，这是教育的根本问题。2018年5月2日，习近平总书记在北京大学考察时指出："培养社会主义建设者和接班人，是我们党的教育方针，是我国各级各类学校的共同使命。大学对青年成长成才发挥着重要作用。高校只有抓住培养社会主义建设者和接班人这个根本才能办好，才能办出中国特色世界一流大学。"这一论断既明确了我国教育的根本任务和使命，又指明了中国特色社会主义大学的办学方向和方法。培养社会主义建设者和接班人，关系到"两个一百年"奋斗目标的实现，关系到中国特色社会主义事业的兴衰成败，关系到党的千秋伟业。只有将培养社会主义建设者和接班人置于这样的高度来认识，才能领悟高等教育担负的责任和使命。

　　国无德不兴，人无德不立。立德才能树人，要培养社会主义建设者和接班人，首先要培养其良好的道德品质和思想政治素养。2016年12月，习近平总书记在全国高校思想政治工作会议上强调："要坚持把立德树人作为中心环节，把思想政治工作贯穿教育教学全过程，实现全程育人、全方位育人。"这是高校思想政治工作的新理念、新思路、新机制。就学校而言，单靠思想政治理论课、学生工作部门，或单靠思想政治理论课教师、辅导员，难以完成立德树人的任务。完成立德树人的任务，需要专业课教师与思想政治教育工作者、其他管理部门与管理工作者协同配合、互联互通。事实上，学校的每一位教职工都担负着育人的职责，每一个部门都具有育人的功能。2017年12月，中共教育部党组印发的《高校思想政治工作质量提升工程实施纲要》，对构建课程育人、科研育人、实践育人、文化育人、网络育人、心理育人、管理育人、服务育人、资助育人、组织育人的内容、载体、路径和方法进行了顶层设计，建构了新时代全程育人、全方位育人的新格局，拓宽了育人的空间和视野。

广东地处改革开放的前沿，也是意识形态斗争的前沿。一方面，改革开放和市场经济的发展，引发了高校学生思想观念、价值取向、生活方式的变化，全国高校思想政治工作遇到的一些新情况、新问题，广东高校往往首先遇到，如何引导学生，并解决这些问题，需要先行一步进行探索。另一方面，广东毗邻港澳，连通海外，西方社会思潮在中国传播，往往借助广东登陆，广东成为各种社会思潮的集散地、中转站，对高校学生的思想和行为造成较大冲击。如何避免受西方社会思潮的负面影响，抵御西方国家的意识形态渗透，成为广东高校思想政治工作的难点。

改革开放以来，广东高校围绕"立德树人"这篇大文章进行了积极探索，新理念频生，新方法频出，育人方式日益多样化、立体化，既有效化解了广东高校思想政治工作遇到的困难和问题，又为全国高校思想政治工作积累了一定经验。在中共广东省委教育工委、省教育厅的领导下，组织编写"广东省教育科学规划课程（党的十九大精神研究专项）丛书之新时代广东高校立德树人工作研究系列"，旨在立足中国特色社会主义新时代，系统总结广东高校十大育人体系建构的基本理论、具体实践、主要成效与基本经验，以进一步加强和改善新时代广东高校立德树人工作。由于各种育人方式有其特殊性，本系列研究的内容不尽相同，但大体保持了一致的问题域和体例。比如，对各种育人方式的理论基础、目标、内容、资源、方法、平台、机制、保障、评价、队伍建设等方面进行了系统阐释，呈现了广东高校十大育人体系建构的生动实践。

本系列编写过程中，力求实现理论与实践、历史与现实、一般与具体、全国与广东的有机结合，使本系列具有鲜明的特点。

其一，理论与实践相结合。各种育人方式有其独特功能，在社会主义建设者和接班人培养过程中处于不同地位、发挥不同作用，丛书从理论层面对各种育人方式的功能、目标、内容、资源进行了系统分析，诠释了各种育人方式的理论基础。同时，各种育人方式侧重实践操练，本系列对各种育人方式的方法、平台、机制、保障、评价等问题进行了深度阐释，有着十分清晰的实践指引和导向。

其二，历史与现实相结合。各种育人方式的建构经历了从局部试点到全面铺开的过程，是实践中不断探索、不断完善的结果，凝聚了广东高校实践探索的智慧，丛书力求呈现广东高校十大育人体系建构的历史。现实由历史发展而来，梳理历史的目的是为了诠释现实。本系列对广东高校立德树人的研究侧重于各种育人方式现实的把握，力求在摸清现状的基础上，针对各种育人方式存在的问题，提出进一步优化和改进育人方式的对策和举措，以提升新时代立德树人的实效性。

其三，一般与具体相结合。本系列对广东高校十大育人体系的研究，既有一般层面的分析，又有具体案例的呈现。各种育人方式有共性问题，也存在个性差异，不同层次、不同类型、不同地域的高校，其做法并不完全相同，由此使各种育人方式的实践呈现多样性，并形成了一些典型案例。如在《广东高校管理育人工作研究》一书中，作者选择了华南师范大学、汕头大学等高校管理育人的典型案例，既增强了本系列的可读性，又增强了本系列的说服力。

其四，全国与广东相结合。本系列主要聚焦广东高校十大育人体系的建构，具有明显的地域特征。但在诠释广东高校各种育人方式时，能置于全国的大背景下来分析，凸显了广东高校十大育人体系探索的宏观意义。

中国特色社会主义进入新时代，高校思想政治工作迎来了好时机，也对高校思想政治工作提出了新要求。新时代高校思想政治工作要取得实效，需要进一步完善十大育人体系，将十大育人体系有机融合起来，形成新时代立德树人的合力和"大思政"的格局。

2019 年 7 月 18 日

目 录

第一章　广东高校资助育人概述 /1
　　第一节　资助育人的内涵 /1
　　第二节　资助育人的理论基础 /6
　　第三节　资助育人的现实机遇 /12
　　第四节　资助育人的深远意义 /18
　　第五节　资助育人的基本现状 /20

第二章　广东高校资助育人工作目标 /30
　　第一节　资助育人工作目标设定原则 /30
　　第二节　宏观目标——助力国家宏伟蓝图建设 /32
　　第三节　中观目标——贯彻落实新时代资助政策 /37
　　第四节　微观目标——助力学生成才成长 /42

第三章　广东高校资助育人内容 /50
　　第一节　资助育人内容概述 /50
　　第二节　资助育人内容拓展现状与制约因素 /58
　　第三节　资助育人内容拓展途径 /62

第四章　广东高校资助育人资源 /75
　　第一节　资助育人资源概述 /75
　　第二节　资助育人资源开发利用现状及成因分析 /83
　　第三节　资助育人资源开发利用原则与途径 /89

第五章　广东高校资助育人方法 /94
- 第一节　资助育人方法概述 /94
- 第二节　资助育人方法现状和制约因素 /96
- 第三节　资助育人工作方法优化 /100
- 第四节　资助育人方法原则 /109

第六章　广东高校资助育人平台 /120
- 第一节　资助育人平台概述 /120
- 第二节　资助育人平台开发与建设现状及制约因素 /126
- 第三节　资助育人平台开发与建设路径 /130

第七章　广东高校资助育人保障 /136
- 第一节　资助育人组织保障 /136
- 第二节　资助育人制度保障 /139
- 第三节　资助育人人员保障 /147
- 第四节　资助育人物质保障 /153

第八章　广东高校资助育人评价 /160
- 第一节　资助育人评价概述 /160
- 第二节　资助育人评价现状与制约因素 /165
- 第三节　资助育人科学评价体系建设 /176
- 第四节　资助育人评价反馈 /185

参考文献 /190

后　　记 /201

第一章
广东高校资助育人概述

学生资助是一项重要的保民生、暖民心工程,事关脱贫攻坚,事关社会公平。① 党和政府历来高度重视学生资助工作,特别是党的十八大以来,党和政府进一步建立健全国家学生资助政策体系,形成了最好的资助制度,充分保障了"不让一个学生因家庭经济困难而失学"②。在此基础上,全国教育系统深入研究学生资助工作的根本目的和最终价值体现,围绕立德树人根本目标,逐步发展形成了"资助育人"理念,逐步构建了"扶困助学—立德树人—唱响中国梦"这一新的资助内涵。③ 作为国家资助政策的执行者,广东高校始终坚持贯彻落实党中央、国务院以及省委、省政府的决策部署,坚持"立德树人"的根本任务,不断丰富发展学生资助内涵,积极创新资助工作方法,资助育人工作成效显著,走出了一条"广东模式"的学生资助之路。

第一节 资助育人的内涵

随着学生资助政策体系的不断完善,学生资助内涵不断发展丰富。教

---

① 陈宝生. 进一步加强学生资助工作 [N]. 人民日报,2018 – 03 – 01 (13).
②③ 中华人民共和国教育部. 十八大以来学生资助取得重大成效 [EB/OL]. (2017 – 09 – 06) [2019 – 06 – 01]. http://www.moe.gov.cn/jyb_xwfb/xw_fbh/moe_2069/xwfbh_2017n/xwfb_20170906/sfcl_20170906/201709/t20170906_313499.html.

育部关于"资助育人"理念和内涵的论述,为高校开展学生资助工作指明了方向。为进一步深入学习领会资助育人的内涵,深刻认识做好学生资助工作的重要意义,笔者将对资助育人的有关概念做简要介绍。

一、资助

"资助"一词其实并不少见,特别是在日常生活以及经济领域,人们对它的理解常常能够"望文生义"。从构词法上讲,资助是由"资"和"助"两个词素构成的合成词。"资"的本义指钱财,"助"有帮助、辅助的含义,两者合起来就可以把"资助"简单概括为"以钱财帮助"。同样,《辞海》关于"资助"一词也给出了"用钱财帮助"的解释。学术界对"资助"的定义也比较一致。比如,韦鸣在其硕士论文《我国高校资助育人研究》中认为"资助"作名词理解,系"以财务帮助"之意[1];梁红军在其硕士论文《德育视野下的高校资助育人体系研究》中,将"资助"简单地称为"资金的帮助"[2]。但是,对于"资助"这个概念,我们不能仅仅从字面来理解,而是要理解它的适用场合及其体现的目的和价值。在本书中,笔者谈到的资助主要是基于广东高校资助育人工作而言的,不仅要认识广东高校学生资助工作的内涵,更要反映出广东高校资助工作的目的和价值。因此,本书的"资助"一般指广东高校学生资助工作。

关于学生资助工作,从狭义上讲,是指高校帮助家庭经济困难学生顺利完成学业而进行的一种经济帮扶手段。厦门大学王康平博士是较早系统研究学生资助政策的学者之一,他在其专著《高校学费政策的理论与实践》中将"学生资助"界定为"面向学生提供的各类经济资助,包括奖学金、助学金、助学贷款、困难补助、勤工助学基金、学费减免等等",强调学生资助是"面向学生提供的各类经济资助"。[3] 此外,一些研究者和资助工作实践者对学生资助的概念做了不同界定。比如,胡银环、叶志华等认为,

---

[1] 韦鸣. 我国高校资助育人研究 [D]. 南京:南京师范大学,2017:10.
[2] 梁红军. 德育视野下的高校资助育人体系研究 [D]. 赣州:赣南师范学院,2010:6.
[3] 王康平. 高校学费政策的理论与实践 [M]. 厦门:厦门大学出版社,2001:93.

学生资助就是直接或间接地给困难学生提供经济上的帮助。直接资助是指通过奖学金、助学金等形式直接向学生提供学习和生活费用；间接资助则是通过一些优惠政策和特殊措施使学生受益，得到间接的经济帮助或补偿，如提供勤工助学岗位、减免家长或家庭的赋税、提供医疗保险服务等。①②杜德省认为，学生资助可以界定为，政府为保障弱势群体（处境不利的学生群体）的基本教育权利而设计的一系列制度，以及由政府、非政府组织及个人所采取的全部资助行为的总称。③可见，早期的学生资助工作，仍局限于经济资助层面。近年来，随着国家资助政策的不断完善，高校学生资助措施越来越丰富，学生资助工作的内涵也发生了变化，逐渐从经济资助层面拓展到其他范畴。马彦周认为，发展型资助是资助的必然要求和高级阶段，是对救济型资助的扬弃和升华。④许翠梅呼吁，应当在全社会树立起"发展型资助"理念，不再将大学生资助作为保障其基本生活需要的一种方式，而回归"优化教育结构，维护教育公平，促进教育持续健康发展"的政策初衷，以解决家庭经济困难学生就学问题为基础，通过品质、心理、素养、知识、技能的提升促进其持续发展。⑤因此，从广义上讲，学生资助不仅包括了对家庭经济困难学生的经济资助和对优秀学生的奖励资助，还增加了对学生的发展型（性）资助内容。刘世勇等在《学生激励的新视角：发展性资助》一文中认为，发展性资助是指以学生成长成才为导向，由学生自主设定发展目标和行动计划，学校给予学生一定的经费支持与指导，并进行结果考核，促进对学生发展目标实现的资助。⑥黄建烽、陈竹林在

---

① 胡银环. 试论学生资助制度在实现教育公平中的作用［J］. 教育经济，2000（S1）：27.

② 叶志华. 关于提高学生资助工作公平和效率的思考［J］. 中国电力教育，2013（16）：196.

③ 杜德省. 高校学生资助工作中的问题研究［D］. 上海：华东师范大学，2010：8.

④ 马彦周，高复阳. 高校构建发展型资助的必要性研究［J］. 湖北社会科学，2011（1）：181.

⑤ 许翠梅. 我国大学生发展型资助体系构建研究［J］. 学校党建与思想教育，2016（5）：57-59.

⑥ 刘世勇，王林清，马彦周. 学生激励的新视角：发展性资助［J］. 湖北社会科学，2010（11）：178-181.

《基于教育认同理论的高校发展性资助体系研究与实践》一文中指出,所谓发展性资助体系是指以物质性的经济基础为保障,通过发展性观念、方法和制度的建设,帮助家庭经济困难学生形成与其身份相适应的七种能力,确立自我认同感,彰显资助育人的精神性和价值性功能,最终实现人的全面发展。①

综上所述,我们可以这样界定学生资助工作:它是高校为保证家庭经济困难学生顺利完成学业和激励优秀学生积极向上,认真贯彻落实国家资助政策所采取的各种对学生的全部资助行为的总称。这一概念,对学生资助工作的目的、主体、对象、方式等做了规定。因此,我们可以归纳出学生资助工作的基本特征。一是目的比较明确,既帮助家庭经济困难学生成长成才②,又激励优秀学生;二是对象更加多元,包括家庭经济困难学生和普通优秀学生,但家庭经济困难学生仍是资助工作的重点;三是资助方式多样化,包括奖学金、助学金、助学贷款、勤工助学、减免学费、临时困难补助、绿色通道等措施;四是资助经费来源渠道多,包括政府、高校、企事业单位和个人等,但高校是落实国家资助政策、实施资助工作的主体。

二、资助育人

随着国家资助政策的完善,高校对家庭经济困难学生的资助力度和资助面不断加大,但在资助工作过程中出现的问题也不断增多。在这种情况下,教育行政部门领导、学者对高校学生资助工作的价值、方向进行了深入探讨。首先,教育行政部门加大了对资助育人工作的决策部署。教育部部长陈宝生同志在《人民日报》撰文《进一步加强学生资助工作》,强调"切实发挥学生资助育人功效"③;教育部党组出台《高校思想政治工作质量提升工程实施纲要》,提出包括资助育人在内的"十大育人"体系④;广东

---

① 黄建烽,陈竹林. 基于教育认同理论的高校发展性资助体系研究与实践 [J]. 教育评论,2016(8):33-36.
②③ 陈宝生. 进一步加强学生资助工作 [N]. 人民日报,2018-03-01(13).
④ 中华人民共和国教育部. 中共教育部党组关于印发《高校思想政治工作质量提升工程实施纲要》的通知 [EB/OL]. (2017-12-07) [2019-06-01]. http://www.moe.gov.cn/srcsite/A12/s7060/201712/t20171206_320698.html.

省教育厅编撰《广东省学生资助十年发展研究报告（2007—2016年）》，系统阐述了"广东模式"资助育人工作。其次，学者对资助育人工作进行了深入研究。笔者在知网上以"资助育人"为题，检索到732篇学术论文、10篇硕士论文。最后，高校对资助育人工作进行了有效探索。比如，华南师范大学实施"青云计划""鸿鹄行"家庭经济困难学生海外研学活动，华南农业大学实施"竹铭计划"，广州大学实施"公益积分，让爱飞翔"项目，等等。① 以上充分表明，高校资助育人已受到教育界和学术界的普遍关注，并成为新时代广东高校资助工作的新使命。

何为资助育人？或许我们可以用一个耳熟能详的词——"教书育人"来理解。教书育人的意思是通过教书，实现育人的目的。资助育人也类似于此，即通过高校学生资助工作来育人。据此来说，资助育人是一种思想，将特定的资助意识和目的作用于对象，于实践中检验结果。针对资助育人的内涵，梁红军认为高校应当建立完善的资助育人体系，即"以资助工作为载体，彰显、释放、发掘其具有的'育人导向'和'育人功能'，达到全体学生全面发展的贫困生资助体系"；② 赵贵臣认为资助育人应当包括"经济扶贫"和"精神扶志"两个方面；③ 高艳丽、李贵平等人则进一步将资助育人概念深化为"高校学生发展型资助模式"，旨在实现"资助、育人、成才"的目标。④ 也有学者给资助育人下了比较全面的定义，认为资助育人是指以中央和各级政府为主导，学校和社会力量共同参与，明确资助组织领导、资助组织形式和资助标准制度，对有资助需求的困难学生群体，予以多种形式的捐助、救助，以扎实的资助工作为基础，培养受助学生的科学精神、思想品德、实践能力和人文素养，引导青年学生树立正确的世界观、

---

① 广东省教育厅，广东省学生资助发展研究课题组. 广东省学生资助十年发展研究报告（2007—2016年）[M]. 广州：中山大学出版社，2017：203-215.

② 梁红军. 德育视野下的高校资助育人体系研究[D]. 赣州：赣南师范学院，2010.

③ 赵贵臣. 高校学生资助育人方式创新研究：坚持经济扶贫与精神扶志相结合[J]. 思想教育研究，2012（8）：94-96.

④ 高艳丽，马彦周，高源. 高校学生发展型资助模式构建探究[J]. 湖北社会科学，2012（6）：162.

人生观和价值观,最终实现成长成才。①

综上所述,笔者认为资助育人内涵应当在传统资助工作的基础上进行拓展,更加重视对学生的教育引导。在此情况下,教育部也对资助育人做出阐述。2016年7月,教育部召开高校资助育人工作座谈会,时任教育部副部长杜玉波同志强调,资助育人就是要以扎实的资助工作为基础,培养受助学生的科学精神、思想品德、实践能力和人文素养,引导青年学生树立正确的世界观、人生观和价值观,最终实现成长成才。要紧紧围绕"立德树人"这一根本任务,将培养青年学生全面发展作为资助育人工作的目标,让受助学生同样享有人生出彩的机会;要抓住"培育和践行社会主义核心价值观"这一核心,把握时代责任和努力方向,指引青年学生健康成长、建功立业;要强化创新精神和实践能力"两项能力",增强受助学生就业创业的核心竞争力;要加强励志教育、诚信教育和社会责任感教育"三项教育",培养青年学生自立自强、诚实守信、知恩感恩、勇于担当的良好品质。② 2018年3月,教育部部长陈宝生同志在《人民日报》发表《进一步加强学生资助工作》,强调"学生资助必须坚持育人导向,将育人作为资助工作的出发点和落脚点,构建物质帮助、道德浸润、能力拓展、精神激励有效融合的长效机制,形成'解困—育人—成才—回馈'的良性循环"③。

因此,在全面理解和借鉴教育行政部门、专家学者、高校资助工作者关于资助育人内涵的阐述的基础上,笔者认为,资助育人既深刻又浅显,是当下非常受重视和受欢迎的教育模式,也是高校在开展思想政治教育时十分注重的环节,值得继续深入探究。

第二节 资助育人的理论基础

高校资助育人是一项系统工程。无论是教育理念的确立、实践教育活

---

①② 中华人民共和国教育部. 践行资助育人理念 促进学生全面发展:教育部召开高校资助育人工作座谈会[EB/OL]. (2016-07-28)[2019-06-01]. http://www.moe.gov.cn/jyb_xwfb/gzdt_gzdt/moe_1485/201607/t20160728_273235.html.

③ 陈宝生. 进一步加强学生资助工作[N]. 人民日报,2018-03-01(13).

动的开展还是实践育人机制的构建,都需要以科学的理论为支撑,涉及的理论既可以有马克思主义基本原理,又可以有教育学、心理学的相关理论,甚至可以有管理学、系统学、社会学等理论原理。结合广东高校资助育人的实际和研究需要,本节主要选取马克思全面发展理论、马克思需要理论、隐性思想教育理论以及思想政治教育合力理论作为研究资助育人的理论依据。

一、马克思人的全面发展理论

马克思认为,人的全面发展是社会发展的根本问题,也是思想政治教育的根本目的和价值取向。① 人的全面发展是相对于人的片面发展而言的,马克思在其历史唯物主义理论体系的巨著《德意志意识形态》中正式提出了"个人的全面发展"这一科学概念后,人的全面发展的内涵不断丰富和扩展。所谓人的全面发展,是"人以一种全面的方式,也就是说,作为一个完整的人,占有自己的全面的本质"②,包括人的需要的满足、能力的发展、社会关系的丰富、个性的自由发展、主体性的充分发展等内容,即人的全面、自由、和谐的发展,是马克思主义关于人的全面发展理论的基本含义。但是,人的全面发展的实现是有条件的。马克思强调人的全面发展必须具备以下条件,"即经济前提,一切人的自由发展的必要的团结一致以及在现有生产力基础上的个人的共同活动方式"③,即主要从生产力、社会关系(制度)等维度对人的全面发展的条件,努力为人的全面发展寻找到一条现实道路。④

培养什么人,是教育的首要问题。习近平总书记在全国教育大会上指出,"以凝聚人心、完善人格、开发人力、培育人才、造福人民为工作目

---

① 徐小军. 构建动态发展性高校思想政治教育目标体系的必要性[J]. 河北广播电视大学学报, 2006(6): 91.

② 中共中央马克思恩格斯列宁斯大林著作编译局. 马克思恩格斯全集: 第42卷[M]. 北京: 人民出版社, 1979: 123.

③ 田海舰. 马克思共同体思想探析[J]. 伦理学研究, 2018(1): 24.

④ 苗苗. 人的全面发展是一个渐进过程:《1857—1858年经济学手稿》展示的人的发展观[J]. 学术界, 2014(4): 182.

标,培养德智体美劳全面发展的社会主义建设者和接班人"①。作为教育的一部分,高校资助育人要围绕这一目标,通过资助手段和教育方式,提高学生的综合素质,促进学生的全面发展。近年来,越来越多的青年学生不仅通过丰富多彩的资助措施解决了经济上的困难,具备了"经济前提",而且通过诚信教育、励志教育、感恩教育等辅导体系,实现了个人的全面发展。

二、马克思人的需要理论

马克思人的需要理论是马克思主义理论体系中的重要组成部分,是思想政治教育坚实的理论基础。马克思认为,人的需要是人的本性。他指出:"在任何情况下,个人总是'从自己出发的',但由于从他们彼此的需要即他们的本性,以及他们求得满足的方式,把他们联系起来(两性关系、交换、分工),所以,他们必然要发生相互联系。"② 在他看来,人的需要是人的生命的直接反映,是人的天然的、必然的、内在的规定性。只要人存在和发展,人的需要就存在和发展,这是任何个人、任何社会都无法泯灭的。③ 同时,马克思还认为,人的需要是一个辩证发展过程。一是人的需要及满足需要的方式是一个复杂的体系。他把人的需要划分为三个层级:即人的生存需要、人的享受需要、人的发展需要,并认为这些需要密切联系在一起,构成了人性的实质内容。在这三个需要层次中,生存需要是基础,是为了维持人的生命和延续后代的需要;享受需要是过程,是立足于生存需要基础之上的更高层次的需要。上述两种需要是较低层次的,主要是维持人生存和生活的手段。发展需要居于最高层次,体现了人类生存的根本

---

① 习近平. 坚持中国特色社会主义教育发展道路 培养德智体美劳全面发展的社会主义建设者和接班人 [EB/OL]. (2018-09-10) [2019-06-01]. http://cpc.people.com.cn/n1/2018/0910/c64094-30284598.html.
② 中共中央马克思恩格斯列宁斯大林著作编译局. 马克思恩格斯全集:第3卷 [M]. 北京:人民出版社,1960.
③ 赵长太. 马克思需要理论形成路径初探 [J]. 湖北社会科学,2008 (7):17.

目的。① 二是人的需要的目标是在矛盾运动过程中实现的。人的需要的满足充满着复杂的矛盾，或者说，人的需要目标的实现是一个能动性与受动性相互矛盾运动的过程。② 三是人的"需要上升规律"是"人类本性发展的规律"③。"人类本性发展的规律"即人的全面发展，人的需要表现在不断追求人性需要目标实现的过程中，不断提升人生境界，不断塑造理想人格。

随着国家资助政策的不断完善，家庭经济困难学生的经济资助问题得到了充分解决，实现了"不让一个学生因家庭经济困难而失学"的伟大目标。但是，人的需求是多方面的，不会仅仅停留在生存层面，一旦生存需要得到满足，他们就会进一步追求更高层次的需要。同样，在经济上得到满足的家庭经济困难学生，开始正视自己的不足和需要，如人际交往、就业竞争力等，越发渴望提升自己。可见，高校资助育人就是根据马克思人的需要理论，在满足学生生存需要的基础上，不断满足和发展学生多样化和个性化的需要。

三、隐性思想政治教育理论

1968 年美国教育学家、社会学家彼得·杰克逊在其著作《班级生活》（*Life in Classroom*）中，首次提出了"隐性课程"的概念。后来，西方隐性课程概念及其理论开始被引入中国，国内学者基于对隐性课程研究的基础上，逐渐引申出了"隐性教育"的概念。近年来，隐性教育思想已经逐渐受到学者的关注，并被运用到大学生教育管理工作中，但不同学者关于隐性教育的界定还存在一定的分歧。彭小兰、童建军认为，隐性思想政治教育是指教育者以隐性课程、文化传统和环境情境等为载体来引导学生，使之在体验和分享中获得身心和个性发展的一种活动。④ 刘晓芳也指出，隐性

---

① 银红玉，曾长秋. 马克思主义需要理论视阈下的思想政治教育价值探究 [J]. 思想教育研究，2013（5）：13 – 16.

②③ 孙富林. 论马克思主义"需要理论"之意蕴要义 [J]. 南京政治学院学报，2004（6）：12 – 17.

④ 彭小兰，童建军. 论思想政治教育中隐性教育的四个维度 [J]. 江汉论坛，2009（3）：140 – 143.

思想政治教育是相对于显性思想政治教育而言的，是指在高校大学生思想政治教育实施过程中，教育者将教育的意向、目的隐藏到大学生周围的生活环境和特定形式的活动中，使大学生在"思想政治理论课"的教育之外的校园生活中不知不觉地接受教育的内容，以实现思想政治教育的终极目的。① 林伯海、李锦红、宋刚认为，所谓隐性思想政治教育，是相对于显性思想政治教育而言的，指在思想政治教育过程中自觉运用隐性课程理论，注重开发利用隐性思想政治教育资源，通过比较隐蔽的形式，使受教育者在无意识间获得某种思想或经验的教育方式。② 王滨、张雪凤在梳理了学界关于隐性思想政治教育的研究后，认为隐性思想政治教育就是教育者为了实现其教育目的而实施的不为受教育者明确感知，从而使受教育者能在不知不觉之中受到教育的一种思想政治教育的类型。③ 西南大学白显良教授所著的《隐性思想政治教育基本理论研究》是目前关于隐性思想政治教育的权威专著之一，他从存在形态的角度开展研究，把隐性思想政治教育界定为：寓于专门的思想政治教育之外的社会实践活动中开展的、不为受教育者焦点关注（甚或不为受教育者明确感知）的一种思想政治教育存在类型。④ 综上所述，虽然学者对隐性思想政治教育的定义不一，但普遍达成共识，即隐性思想政治教育是通过综合、间接、渗透的方式实施教育，具有隐蔽性和自然性，与显性思想政治教育相辅相成，是显性思想政治教育的重要补充。

资助是手段，育人是目标，资助与育人相辅相成。近年来，高校资助工作改变了单一"发钱"的做法，而是结合各学校特色开展了形式丰富的励志教育、诚信教育和社会责任感教育，措施得当，成效显著。这些教育

---

① 刘晓芳. 大学生隐性思想政治教育研究［J］. 当代青年研究，2006（4）：13.
② 林伯海，李锦红，宋刚. 浅析大学生隐性思想政治教育模式［J］. 思想理论教育导刊，2008（3）：79.
③ 王滨，张雪凤. 隐性思想政治教育研究述评［J］. 教育探索，2010（11）：123.
④ 沈壮海，王绍霞. 隐性思想政治教育研究的补白之作：读《隐性思想政治教育基本理论研究》［J］. 思想教育研究，2014（5）：109.

措施，正是高校充分发挥了资助工作体系健全、措施丰富的特点，将思想政治教育与资助工作深入融合，依托资助工作的有效平台和充足资源，运用思想政治教育方法，使受资助学生受到教育。

四、思想政治教育合力理论

当下，随着国际国内形势的深刻变化，高校思想政治教育与过去相比较，其内容、条件与方式都发生了深刻变化，面临着严峻挑战。于是，当代社会便提出了一个现实而又突出的问题，就是如何运用教育合力理论，针对多种社会因素影响、多种价值取向开展不同内容与方式的教育，组织和协调各方面教育力量，形成有效的教育氛围。① 其中，刘社欣、郑永廷的《思想政治教育合力理论与实践研究》是思想政治教育合力理论的代表性论文，系统论述了思想政治教育合力理论。他们指出，"思想政治教育合力的科学性建构，应当致力于目标、内容、途径的合力性建构"。强调通过"整合""结合""配合"和"融合"的思想政治教育合力形成的协同方式，整合教育资源，结合丰富的教育内容，家庭、学校、社会的各个方面、各类人员相互配合，引导学生运用科学理论、正确思想指导实践，把科学理论、正确思想融合到喜闻乐见的各种活动中去，渗透到业务工作的实践中去，融入全面建设小康社会、创造未来的生活中去，为社会创造物质与精神财富。②

习近平总书记在全国教育大会上强调："要把立德树人融入思想道德教育、文化知识教育、社会实践教育各环节，贯穿基础教育、职业教育、高等教育各领域，学科体系、教学体系、教材体系、管理体系要围绕这个目标来设计，教师要围绕这个目标来教，学生要围绕这个目标来学。"可见，高校各个系统、各个人员都肩负着育人的任务。资助工作作为高校管理体系的有机组成部分，应当发挥资助的独特优势，致力于在高校立德树人的大局大势中，为培养德智体美劳全面发展的社会主义建设者和接班人发挥积极作用。

---

①② 刘社欣，郑永廷. 思想政治教育合力理论与实践研究 [J]. 思想理论教育导刊，2009（4）：100-103.

第三节 资助育人的现实机遇

2007年国家新资助政策实施至今尤其是党的十八大以来,广东高校贯彻落实党中央、国务院以及省委、省政府、省教育厅的决策部署,围绕立德树人根本任务,建立健全学生资助育人工作体系,取得了显著成效。党的十九大报告指出:"经过长期努力,中国特色社会主义进入了新时代,这是我国发展新的历史方位。"新时代提出新课题,新课题提出新要求,广东高校资助育人工作也迎来新使命和新机遇。

一、党和政府把资助育人工作摆在更加重要的位置

长期以来,高校资助育人工作一直受到党和政府的高度重视。特别是党的十八大以来,以习近平同志为核心的党中央高度重视教育事业,把教育摆在优先发展的战略位置,高校学生资助育人工作也备受重视。习近平总书记指出,保障贫困地区办学经费,健全家庭困难学生资助体系。党的十九大报告提出,健全学生资助制度,使绝大多数城乡新增劳动力接受高中阶段教育、更多接受高等教育。[1] 习近平总书记在全国教育大会上强调培养德智体美劳全面发展的社会主义建设者和接班人。[2] 党的十九大精神和习近平总书记的重要指示,深刻阐明了学生资助育人的重要意义,为高校学生资助工作指明了发展方向和根本遵循,也为高校学生资助工作向更高层次、更高水平迈进提出了新的要求。

站在新的历史起点上,为进一步深入学习领会习近平总书记重要指示精神,深刻认识新时代做好学生资助工作的重要意义,教育部对高校资助育人工作做出了深刻指导。教育部部长陈宝生同志在《人民日报》发表

---

[1] 习近平在中国共产党第十九次全国代表大会上的报告 [EB/OL]. (2017-10-28)[2019-06-01]. http://cpc.people.com.cn/n1/2017/1028/c64094-29613660.html.

[2] 习近平. 坚持中国特色社会主义教育发展道路 培养德智体美劳全面发展的社会主义建设者和接班人 [EB/OL]. (2018-09-10)[2019-06-01]. http://cpc.people.com.cn/n1/2018/0910/c64094-30284598.html.

《进一步加强学生资助工作》强调,"学生资助必须坚持育人导向,将育人作为资助工作的出发点和落脚点,构建物质帮助、道德浸润、能力拓展、精神激励有效融合的长效机制,形成'解困—育人—成才—回馈'的良性循环"①。2017年12月,教育部党组印发《高校思想政治工作质量提升工程实施纲要》,提出了资助育人等十大质量提升体系。② 与此同时,广东省经过近十年的探索实践,在南粤土地上孕育出独具岭南特色的广东省学生资助体系,构建发展了"四三三四"多维立体全覆盖的广东省学生资助模式("广东模式")③。

在党的十九大精神和习近平总书记重要指示精神的指导下,在教育部和广东省教育厅的正确领导下,广东高校以习近平新时代中国特色社会主义思想为指导,认真贯彻落实国家和广东省资助政策,遵循高等教育发展规律,落实资助育人理念,进一步增强做好学生资助育人工作的责任感、使命感和紧迫感。

二、学生资助政策体系建设扎实推进

资助育人工作的发展是伴随着学生资助政策体系的发展而逐渐发展、丰富的。1949年中华人民共和国成立后,我国就有了系统的大学生资助政策。中华人民共和国成立初期到20世纪80年代初,我国选择并实施的是"免费上大学"加"人民助学金"的资助政策。恢复高考以来,我国的高校家庭经济困难学生资助政策大体经历了逐步建立、探索改革和完善体系三个重要的发展阶段。④

(一) 1978—1998年:逐步建立阶段

随着高校收费制度改革的深入,这一时期取消了人民助学金制度,全

---

① 陈宝生.进一步加强学生资助工作[N].人民日报,2018-03-01(13).
② 中共教育部党组关于印发《高校思想政治工作质量提升工程实施纲要》的通知[EB/OL].(2017-12-06)[2019-06-01].http://education.news.cn/2017-12/06/c_129758619.htm.
③ 广东省教育厅,广东省学生资助发展研究课题组.广东省学生资助十年发展研究报告(2007—2016年)[M].广州:中山大学出版社,2017:1.
④ 崔邦焱.资助制度已建成较完善体系[N].人民政协报,2009-09-09(C3).

面推行高校奖学金和学生贷款制度，到20世纪90年代中期，我国在高等学校实行收费制度改革的背景下，建立起了以奖学金、学生贷款、勤工助学、学费减免为主要内容的资助制度。①

（二）1999—2006年：探索改革阶段

随着高校扩招，更多家庭经济困难学生涌入大学，国家推行国家助学贷款制度和设立国家奖学金制度，我国初步形成了"奖、贷、助、补、减"相结合的高校家庭经济困难学生资助政策体系。②

（三）2007年至今：完善体系阶段

2007年5月，国务院颁发了《关于建立健全普通本科高校高等职业学校和中等职业学校家庭经济困难学生资助政策体系的意见》，决定从2007年秋季学期开始，建立健全我国高校家庭经济困难学生资助政策体系，内容包括在改革原有国家奖学金制度的基础上设立新的国家奖学金制度、新设立国家励志奖学金、完善国家助学金制度等。③ 新中国成立以来特别是改革开放40年来的高校学生资助政策体系演进，为广东高校学生资助政策体系的形成乃至"广东模式"的创立提供了指引。目前，广东高校形成了以政府投入为主、高校落实责任、社会积极参与三方共同支持的多维度多渠道的资助体系，建立了以国家奖学金、国家励志奖学金、国家助学金、国家助学贷款为主，学费补偿、助学贷款代偿、勤工助学、学费减免、社会资助和确保家庭经济困难学生顺利入学的"绿色通道"制度等有机结合的资助政策体系。

资助育人始于资助，成于育人。高校学生资助政策体系的不断完善，为广东高校资助育人工作提供了良好的机遇和奠定了坚实的基础。一方面，各高校不用担心没有项目，也不用担心没有经费，更不用担心"不务正业"，大家只管在资助育人中"撸起袖子加油干"。另一方面，经过十年的发展，广东省学生资助政策体系不仅在经济上帮助家庭经济困难学生获得教育机会，实

---

①② 崔邦焱. 资助制度已建成较完善体系 [N]. 人民政协报，2009-09-09（C3）.

③ 中华人民共和国教育部. 国务院关于建立健全普通本科高校高等职业学校和中等职业学校家庭经济困难学生资助政策体系的意见 [EB/OL]. (2007-05-13) [2019-06-01]. http://www.moe.gov.cn/jyb_xxgk/moe_1777/moe_1778/tnull_27695.html.

现了"不让一个学生因家庭经济困难而失学"的目标,同时注重从保障型资助向发展型资助转变,进一步倒逼广东高校加强和改进资助育人工作。

三、广东省学生资助模式创新发展

广东地处南岭以南、南海之滨,毗邻港澳,自古以来就是重要的对外贸易区。改革开放以来,在党和国家的关心支持下,广东的经济、社会、文化保持快速发展,成为中国第一经济大省,GDP总量连续多年稳居全国首位。但是,粤东西北地区与珠三角地区发展不均衡的局面难以打破,一些地方的人才培养和脱贫攻坚任务仍十分繁重。党的十八大以来,广东省全面深化改革,各项事业进入新的发展阶段,发展教育公平、保障社会公平、落实共享发展理念成为广东省当前的重要任务。2017年4月4日,习近平总书记对广东工作作出重要批示,充分肯定党的十八大以来广东各项工作,希望广东坚持党的领导、坚持中国特色社会主义、坚持新发展理念、坚持改革开放,为全国推进供给侧结构性改革、实施创新驱动发展战略、构建开放型经济新体制提供支撑,努力在全面建成小康社会、加快建设社会主义现代化新征程上走在前列。① 2018年10月22—25日,习近平总书记在广东考察时强调,进入新时代,国际国内形势发生广泛而深刻的变化,改革发展面临着新形势、新任务、新挑战,我们要抓住机遇、迎接挑战,关键在于高举新时代改革开放旗帜,继续全面深化改革、全面扩大开放。越是环境复杂,我们越是要以更坚定的信心、更有力的措施把改革开放不断推向深入。② 习近平总书记对广东工作的高度重视和大力支持,为广东新时代改革开放再出发进一步指明了前进方向、提供了根本遵循。在全面建成小康社会的关键时期,广东各项事业全面推进,人才培养与攻坚脱贫任务得到进一步解决。为此,广东省学生资助工作应时而生、顺势而为。经

---

① 习近平总书记对广东工作作出重要批示 [EB/OL]. (2017 – 04 – 12) [2019 – 06 – 01]. http://gd.people.com.cn/n2/2017/0412/c123932 – 30009883.html.

② 习近平. 高举新时代改革开放旗帜 把改革开放不断推向深入 [EB/OL]. (2018 – 10 – 25) [2019 – 06 – 01]. http://www.xinhuanet.com/politics/2018 – 10/25/c_1123614520.htm.

过近十年的探索实践，广东构建发展了"四三三四"多维立体全覆盖的广东省学生资助模式，即"以助困育人、立德树人、教育公平、共享发展四大理念为支撑，以务实、开放、创新的岭南精神为引领，运用精准资助、精细管理、精心服务的三大工作手法，实行改变学生命运、优化人才结构、发展教育事业、全面建成小康社会的四大改变"①。在"广东模式"指引下，广东高校充分发挥主观能动性，探索实践各具特色的资助育人模式，进一步丰富发展了"广东模式"。

四、受助学生成长成才的内在需要

需要是人类认识和实践活动的动力。正如马克思所说，"任何人如果不同时为了自己的某种需要和为了这种需要的器官而做事，他就什么也不能做"②。马克思主义的需求理论告诉我们，大学生接受资助和教育的根本动力是他们存在某种需要。一般来讲，作为家庭经济困难学生，他们最需要的就是获得经济资助。正因如此，高校学生资助工作才从最初的"人民助学金"制度发展壮大。但是，学生资助工作面对的是庞大的家庭经济困难学生群体，随着经济社会发展，他们的数量、分布、结构以及资助需求等因素都在不断变化。美国著名心理学家马斯洛依次由较低层次到较高层次把需求分成生理需求、安全需求、社交需求、尊重需求和自我实现需求五种类型，学生资助的经济资助充其量只是解决了家庭经济困难学生较低层次的生理需求。除此之外，他们还有更高层次的需求，而部分需求是能够通过资助育人工作解决的。同样，在实际工作中，我们也普遍意识到，当下家庭经济困难学生并不局限于经济困难，还存在学习、心理、就业、人际交往等能力上的困难，他们迫切希望学校能解决他们的需求。但是，高校学生资助工作在开展过程中存在一些不足，比如，重经济资助轻能力培养，重评选程序轻事后跟进，重学校层面轻个体关注，使得资助育人与学

---

① 广东省教育厅，广东省学生资助发展研究课题组. 广东省学生资助十年发展研究报告（2007—2016 年）[M]. 广州：中山大学出版社，2017：1.

② 中共中央马克思恩格斯列宁斯大林著作编译局. 马克思恩格斯全集：第 3 卷 [M]. 北京：人民出版社，1960：329.

生的需求存在差距，资助育人渠道还有待进一步拓宽。因此，广东高校资助育人工作要取得实效，必须坚持以人为本，从学生需要出发，把学生的需要作为工作的出发点和归宿，为学生的成长成才创造有利的条件。

五、大学生思想政治教育日益加强

进入新时代，社会改革的迅速发展，使学生面临的社会思潮与社会现象更加纷繁多变，使学生面临的成长难题更加复杂多样。① 在这种形势下，中央对高校思想政治工作提出了新的要求。2016年12月7—8日，党中央召开全国高校思想政治工作会议，习近平总书记出席会议并发表重要讲话，对加强和改进新形势下高校思想政治工作提出明确要求，做出重大安排部署。2017年2月，中共中央、国务院印发《关于加强和改进新形势下高校思想政治工作的意见》，强调要推进高校思想政治工作改革创新。同月，教育部党组印发《高校思想政治工作质量提升工程实施纲要》，提出，"充分发挥课程、科研、实践、文化、网络、心理、管理、服务、资助、组织等方面工作的育人功能，挖掘育人要素，完善育人机制，优化评价激励，强化实施保障，切实构建'十大'育人体系"②。现实中，大学生思想政治教育创新性、实效性进一步加强。从教育主体看，大学生思想政治教育主体逐渐摆脱了主要依靠思政课教师、辅导员群体的现象，调动高校全体人员参与思想政治教育的积极性日趋高涨，全员育人体系逐步形成。从教育内容看，思想政治教育具有开放性，坚持思想政治教育与解决实际问题相结合，与其他学科、领域进一步多元融合。从教育方式看，既保留传统教育方式，又推陈出新，注重现实平台和网络平台的融合运用。就学生资助工作而言，其工作队伍、内容、方式，与大学生思想政治教育的发展趋势高度契合，为大学生思想政治教育提供了坚实的平台和发展的路径。

---

① 冯留建，刘国瑞. 新时代高校思想政治教育内容创新研究［J］. 学校党建与思想教育，2018（14）：4-8.

② 中华人民共和国教育部. 中共教育部党组关于印发《高校思想政治工作质量提升工程实施纲要》的通知［EB/OL］.（2017-12-07）［2019-06-01］. http://www.moe.gov.cn/srcsite/A12/s7060/201712/t20171206_320698.html.

第四节　资助育人的深远意义

做好资助育人工作，功在当代，利在千秋，具有十分重要的意义。教育部部长陈宝生同志曾指出，做好学生资助工作是建设人力资源强国的迫切需要，是全面建成小康社会的必然要求，是加快教育现代化的重要基础。他关于做好资助工作的重要意义的阐述，也指明了资助育人工作的重要意义，给资助育人工作指明了方向。鉴于资助工作与资助育人工作的范畴不同，为避免赘述，本节将从高校的角度阐明资助育人工作的意义。

一、资助育人是高校立德树人的必然要求

习近平总书记指出，"高校立身之本在于立德树人"[1]，教育部部长陈宝生同志也指出，"立德树人是教育工作的根本任务，也是学生资助工作的根本任务"[2]。高校立德树人是一项使命光荣、任务艰巨、系统综合的根本任务，需要所有高校工作者、教育者共同参与，需要发挥各职能部门、各院系、各单位协同育人的积极作用，每一位教职员工都应该承担立德树人的职责。资助育人是高校立德树人的重要组成部分，也是立德树人的重要措施。近年来，广东高校将促进学生的全面发展作为资助工作的出发点和落脚点，将资助作为育人的切入点，不断强化资助与育人、经济资助与学生全面发展之间的契合，将"育德、扶志、资智"的主题教育贯穿于"奖优、助困、酬勤"的主线工作中，提升了资助育人实效，促进了学生发展，高校资助育人工作已成为立德树人的重要抓手。

二、资助育人是国家资助政策内涵发展的迫切需要

国家资助政策经过长时间的发展，在政策保障、资金投入、学生资助规模等方面均取得重大成绩。据统计，2012—2016 年，各教育阶段全国累

---

[1] 习近平. 高校立身之本在于立德树人［EB/OL］.（2016 - 12 - 09）［2019 - 06 - 01］. http://www.xinhuanet.com/mrdx/2016 - 12/09/c_135892530.htm.

[2] 陈宝生. 进一步加强学生资助工作［N］. 人民日报，2018 - 03 - 01（13）.

计资助资金总额6 981.52亿元。年资助金额从2012年的1 126.08亿元，增加至2016年的1 688.76亿元，增长了49.97%，年均增幅10.66%；全国累计资助学前教育、义务教育、普通高中、中职教育、高等教育等各教育阶段学生（幼儿）4.25亿人次（不含义务教育免费教科书和营养膳食补助）；年资助学生（幼儿）从2012年的8 413.84万人次，增加至2016年的9 126.14万人次，增长了8.47%，年均增幅2.05%。其中，高等教育，共资助学生20 054.42万人次，资助金额3 642.62亿元。① 具体至广东省，2018年全省政府、学校、社会投入学生资助总资金为75.2亿元，总资助人数为465.1万人。其中，高等教育（含本专科及研究生阶段）各级各类资助34.8亿元，资助学生197万人。② 在取得成绩的同时，国家资助政策体系也进入转型期，各种新问题、新现象、新特征随之而出现，单一的经济资助手段显然不能完全满足社会发展变化和高校教育改革发展的需要。在推动高校内涵式发展的背景下，学术界、高等教育界深刻认识到高校学生资助内涵发展的重要意义并为之进行了不懈探索和实践。在这种情况下，近年来，广东高校紧扣国家资助政策内涵发展的迫切需要，深入研究学生资助工作的根本目的和最终价值体现，将资助与育人有机结合，构建物质帮助、道德浸润、能力拓展、精神激励有效融合的长效机制，逐步发展形成了以"助困育人、立德树人、教育公平、共享发展"为核心任务的"广东模式"，有效推动了学生资助的内涵发展。实践证明，党的十八大以来，学生资助内涵不断发展丰富，走出了一条中国特色的资助之路。

三、资助育人是学生成长成才的重要途径

广东高校资助育人工作契合了学生发展需求，为学生成长成才提供了有效途径。经济基础决定上层建筑，完善的资助工作体系解决了学生忧心

---

① 中华人民共和国教育部. 十八大以来学生资助取得重大成效［EB/OL］.（2017-09-06）［2019-06-01］. http://www.moe.gov.cn/jyb_xwfb/xw_fbh/moe_2069/xwfbh_2017n/xwfb_20170906/sfcl_20170906/201709/t20170906_313499.html.

② 数据来源于广东省教育厅副厅长朱超华在2019年广东省学生资助工作会议上的讲话。

温饱的问题，使他们更能安心生活、专心学习，追求更高层次的发展。在此基础上，"广东模式"资助育人工作发挥了重要作用。例如，近年来施行的精准资助措施，以广东省家庭经济困难学生认定体系和广东高校学生资助管理信息系统为抓手，不仅精准识别了家庭经济困难学生，而且精准"把脉"学生的成长成才需求，使高校能够做到"对症下药"。同样，各高校创新的多样化发展型项目，聚焦国家未来发展对人才素质能力的需求，将学生的需求变成了现实。华南师范大学的"青云计划"、华南农业大学的"竹铭计划"、岭南师范学院的"勤工助学创业孵化园"、广东技术师范大学的"梦想创新园"等项目，提高了家庭经济困难学生的综合素质和就业竞争力，培养了学生的创新创业能力，促进了学生全面发展，受到了广大学生的好评和欢迎。

第五节　资助育人的基本现状

改革开放40年来，广东作为我国改革开放的先行地区，在贯彻落实党和国家关于学生资助重大决策部署的同时，探索发展了符合地区教育发展和资助需求、具有广东特色的政策体系，形成了学生资助"广东模式"。在"广东模式"指引下，广东高校资助育人工作长足发展。为深入、系统地研究广东高校资助育人工作，笔者认为，有必要深入了解当下广东高校资助育人工作基本现状。

一、资助育人理念进一步深化

资助育人是高校思想政治教育的"应然"诉求，旨在运用扎实的学生资助工作达到育人的目的，其育人功能体现在对学生的物质帮助、道德浸润、能力拓展、精神激励、规范管理等方面，但"应然"不等于"实然"。资助育人既是一种育人理念，也是一种育人实践。尽管它是对高校学生资助工作的高度概括和升华，强调了"资助"和"育人"两重作用，但是由于"资助"内涵的单一性和事务性，加之"育人"的复杂性和不确定性，资助育人理念是一个需要不断被认识和实践的过程。事实上，在长期以解决家庭经济困难学生经济资助为主要目的的保障型资助政策支配下，资助育人理念在高校没有形成甚至被人为割裂。谈到"资助"就是资助工作人员的事务，而"育人"似乎是学校领导、"两课"教师、党政干部、辅导员的任务。正是这种看似"合理"的分工，资助工作者才会越来越关注自己的资助业务，"乐此不疲"地沉浸在繁杂的资助事务之中，无暇顾及育人工作。

可喜的是，党和政府高度重视学生资助工作，经过多年的不懈努力，我国已经建立起覆盖学前教育到研究生教育的国家资助政策体系，从制度上保障了"不让一个学生因家庭经济困难而失学"，资助工作正由保障型资助向发展型资助转变。① 与此同时，中央对加强和改进大学生思想政治教育提出了新的要求。在育人实践中，各高校要结合各自工作实际，充分利用各种传统载体和现代载体，挖掘各种思想政治教育资源，多渠道开展育人工作。而高校学生资助工作因其覆盖面广、持续性长等原因，逐渐发展成为高校学生思想政治教育的重要手段。因此，高校在当前新形势、新任务、新要求下，资助育人成为学生资助工作的重点和思想政治教育的有效载体。资助育人理念深入人心，已经成为学术界和高等教育界的普遍共识。近年来，广东高校在省教育厅指导下，紧紧围绕立德树人根本任务，将立德树人与人人成才教育目标融入资助工作的全过程。

二、资助育人体系进一步丰富

当前，广东高校学生资助工作的重点，已进一步向如何建立科学有效的资助育人体系转移，并结合各高校实际情况进行了有效探索。但是，在实践过程中，由于对资助育人的内涵理解不透彻，造成对资助育人工作的误解。例如，有的高校盲目夸大资助工作的作用，认为学生资助可以"包治百病"；有的高校混淆育人的途径，将高校其他思想政治教育方式"张冠李戴"，归为资助育人功劳；有的高校认为资助工作"无用论"，难以起到

---

① 中华人民共和国教育部. 十八大以来学生资助取得重大成效 [EB/OL]. (2017 - 09 - 06)[2019 - 06 - 01]. http://www.moe.gov.cn/jyb_xwfb/xw_fbh/moe_2069/xwfbh_2017n/xwfb_20170906/sfcl_20170906/201709/t20170906_313499.html.

育人的作用。因此，为准确把握资助育人的现状，为广东高校资助育人工作建言献策，笔者借鉴相关理论，结合实践经验，认为资助育人体系可从目标、内容、资源、方法、平台、保障、评价七个方面来阐述。简而言之，广东高校资助育人体系具有以下几个特点。

（一）目标明确化

在组织管理中，目标是不可或缺、至关重要的，为组织指明了方向。广东高校在考虑目标设定的网络化、多样化以及可接受性与挑战性的动态平衡的前提下，从国家、高校两个资助育人主体以及家庭经济困难学生这一资助育人客体出发，形成了宏观、中观、微观三个目标。从宏观看，广东高校资助育人工作致力于助力国家宏伟蓝图建设，推进人才强国建设、全面小康社会建设，实现教育现代化。从中观看，围绕"立德树人"根本任务，通过完善学生资助政策体系、健全资助工作制度、努力实现精准资助等举措，贯彻落实新时代学生资助政策。从微观看，聚焦家庭经济困难学生全面发展需求，促进学生成长成才。

（二）内容丰富化

资助育人内容是资助育人体系的核心，直接影响到育人效果。广东高校结合各自实际，强化学生创新精神和实践能力"两项能力"，加强励志教育、诚信教育和社会责任感教育"三项教育"，培养青年学生自立自强、诚实守信、知恩感恩、勇于担当的良好品质。例如，华南师范大学以"榜样华师"为载体，对受资助的优秀学生进行表彰，创新资助育人方式，大力推进励志教育；广东药科大学"扶困""助心"两手抓，积极引导家庭经济困难学生奋发成才；广东医科大学成立"大学生互助中心"，搭建资助育人平台；星海音乐学院和广州美术学院发挥学生艺术特长，开展诚信歌曲创作大赛和"创意 感恩"学生优秀作品展，让感恩社会、学习先进的氛围在校园里持续发展；广东技术师范大学开展"冬日阳光"系列活动，建立校内综合型公益互助图书社区——"益书屋"；岭南师范学院、佛山科学技术学院、广东职业技术学院和广东工程职业技术学院建立大学生综合素质提升训练营，对家庭经济困难学生免费开放；广东交通职业技术学院开展"诚信标兵"评比；广州城市职业学院与广东人民广播电台联合策划感恩励志教育公益品牌活动"梦想激励人生";广州工商学院和北京理工大学珠海学院开设一站式服务窗口,直接由学校面向学生提供学生资助工作服务,突出学生的主体地位,开展"一帮一""一跟一"的专业就业援助服务;广州大学华软软件学院通过微信宣传平台展示家庭经济困难学子的成才经历,在更多学子中形成榜样宣传效应。①

(三)资源多元化

俗语云"兵马未动,粮草先行",足见资源的重要性。从传统意义上而言,资助工作的主要资源是"财物",主要来源于政府、高校和社会,为高校资助育人工作奠定了坚实基础。广东高校积极发挥优势,拓宽资助渠道。例如,汕头大学在李嘉诚基金会、热心校友和其他社会各界爱心人士的关心支持下,建立了多元资助体系;广州大学设立"广州大学广东文化基金助学金",资助学生在校期间的学费;东莞理工学院和东莞市慈善会共同出资开展"翔鹭计划"勤工助学定向资助项目;五邑大学发挥侨乡资源优势,新增"联通科技奖学金"等7个项目;岭南师范学院创新设立"爱心驿站"非营利性超市;广东碧桂园职业学院以集团为后盾,对全体学生实行全免费,使受助学生"一人成才,全家脱贫"。此外,广东高校还挖掘"财物"之外的课程资源、网络资源、人力资源、学术资源等。例如,华南师范大学利用"互联网+"资源,依托马克思主义理论一级学科和教育技术学国家重点学科优势,抢占互联网新阵地,精心建设学生综合服务平台、"智慧校园"数据中心、"华师学工"、华师资助网等业务系统和微信平台,运用博客、微博、微信、QQ等新媒体手段开展资助育人工作,积极探索资助育人新路径。

(四)方法多样化

资助育人作为高校学生思想政治教育的主要手段,有着明确的价值导向和内容方法,在长期的工作实践中积累了一定的经验,形成了多样化的育人方法。例如,嘉应学院采取将红色基因"苏区精神"融入受助学生理想信念中的方法,组织学生赴叶剑英纪念园、三河坝战役纪念园、平远县

---

① 广东省教育厅,广东省学生资助发展研究课题组. 广东省学生资助十年发展研究报告(2007—2016年)[M]. 广州:中山大学出版社,2017:260-268.

红军纪念园等"红色基地"参观学习，现场感受红色文化、熏染苏区精神、重温革命历史、缅怀革命先烈；广东农工商职业技术学院通过精准聚焦贫困学生个体、为他们建档立卡的方法，建立起措施精准、育人精准、成效精准的"三精准"资助工作模式，培养了一批励志成长成才的家庭经济困难学生典范；广州城建学院通过到家庭经济困难学生家庭走访调研的方法，组织全校近50名辅导员分赴粤东地区的汕头、潮州，粤西地区的湛江、茂名，粤北地区的韶关、肇庆等县市开展慰问活动，走访了建档立卡学生、孤残学生、学校家庭经济困难在库学生和普通困难学生，掌握和了解被访学生的家庭情况、心理状况等，为资助育人工作提供决策参考。

（五）平台特色化

平台是一种有影响力的"战略资产"，是完善资助育人体系离不开的终端平台。随着资助育人体系内容的不断丰富，各高校纷纷开发各具特色的资助育人平台。例如，华南师范大学以学生"自我教育、自我管理、自我服务"为原则，精心打造"四社三班两营一队"（紫荆花社、荷花社、雪莲花社、自强社、卓越班、兼班、青马班、创业先锋训练营、研究生青年领袖训练营、国旗护卫队），指导他们开展以"自强、成长、感恩"为主题的系列活动，引导他们开展公益活动，搭建经济困难学生健康成长的朋辈平台；广东技术师范大学打造了一个"意识培养、体验感悟、实践创新"三位一体的创新服务育人平台——"梦想创新园"，通过组织学生参加名师面对面、企业精英论坛和朋辈分享会、学生课外科技成果展、企业之旅、创意活动、走进企业体验创新成果等实践活动，启迪家庭经济困难学生的创新思维，使家庭经济困难学生探索有窗口，学习有氛围，交流有渠道，锻炼有舞台，成长有空间；广东工程职业技术学院通过"微博、微信、微电影"打造"三微一体"平台，制作首部资助育人成效宣传片《让梦想点亮芳华》和其他20多部微电影，向广大师生和社会展现家庭经济困难同学自立自强、奋发成才的学习成长历程。

（六）保障立体化

高校资助育人是一项长期的工作，需要人力、物力和财力的支撑和条件保障。近年来，广东高校结合实际情况，从组织、制度、人员等方面加大对资助育人的保障力度，在校内整体构建起一个立体化的资助育人保障体系。在组织方面，各高校均成立了以学校领导为主要负责人的学生资助管理中心或领导小组，加强对资助育人工作的组织领导和统筹协调。同时，各高校始终把学生资助工作列入学校党委和行政的重要议事日程，并纳入人才培养和大学生思想政治教育全过程。在制度方面，各高校根据上级要求，出台或修订了一系列资助育人的管理办法。例如，华南师范大学出台了《全日制本科学生资助体系实施方案》和《研究生奖助体系实施办法》，配套制定或修订多个资助项目实施办法，推进资助工作的规范化和制度化；广东工业大学出台了《广东工业大学全日制本科学生资助工作实施意见（试行）》和《广东工业大学新疆、西藏少数民族优秀学生奖学金评定暂行办法》；广东石油化工学院制定了《临时困难补助管理办法》《社会专项奖助学金管理办法》《学费减免管理办法》等。在人员方面，广东高校配齐配强资助工作人员，充分利用业已形成的学校—学生管理部门—学院三级学生工作体系，加强资助育人工作队伍的专业化、职业化建设，培养一批业务精、能力强的人来从事学生资助工作。

（七）评价科学化

考核评估是检验资助育人工作效果的关键环节。科学合理的评价机制是一种促进手段，可以有效推进工作开展，提升参与者的积极性与责任感，最终促进工作质量的提升。[①] 一直以来，由于育人工作评价难度比较大，评价内容比较宽泛等原因，高校缺乏必要的评价体系和科学的评估标准，在资助育人评价方面确实不尽如人意。近年来，广东省出台《广东省学生资助工作考评暂行办法》，加大了对高校资助育人工作的考评力度。在此政策的推动下，广东高校逐步制定了合理的评价方法。例如，肇庆学院出台《肇庆学院助学工作考核办法（试行）》和《肇庆学院资助先进个人评选办法（试行）》，对该校资助育人工作进行考评；广东技术师范大学坚持"日常工作有序、重点工作有效、特色工作有名"的工作思路，认真落实对照《广东省学生资助工作绩效考核办法》，创新工作方式，塑造工作品牌，促

---

① 刘川生. 高校实践育人工作有效机制研究［J］. 思想理论教育导刊，2016（12）：119-124.

进资助工作制度科学化、规范化，提升学生资助育人工作水平，实现学生资助育人工作的"育德育心，强能树人"的功能。

三、资助育人成效进一步彰显

在资助育人理念的指引和资助育人体系的保障下，广东高校资助育人工作取得了明显成效。

（一）落实"立德树人"根本任务

"培养什么人、怎样培养人、为谁培养人"始终是教育的永恒主题和根本问题。立德树人是我们党对教育根本问题的时代性回答。党的十八大以来，习近平总书记多次就高校落实立德树人根本任务做出重要指示。他在同北京大学师生座谈时强调："要把立德树人的成效作为检验学校一切工作的根本标准，真正做到以文化人、以德育人，不断提高学生思想水平、政治觉悟、道德品质、文化素养，做到明大德、守公德、严私德。要把立德树人内化到大学建设和管理各领域、各方面、各环节，做到以树人为核心，以立德为根本。"① 广东高校围绕"立德树人"这一根本任务，充分挖掘资助工作要素，完善育人机制，将思想政治教育融入学生资助工作全过程，针对学生的不同需求，创造条件，提供多样化、个性化的资助育人平台和模式，强化创新精神和实践能力"两项能力"，加强励志教育、诚信教育和社会责任感教育"三项教育"，把解决学生的思想问题同解决学生家庭经济困难问题结合起来，不断提高思想政治工作能力和水平，着力提高受助学生的思想水平、政治觉悟、道德品质、文化素养，帮助他们树立正确的世界观、人生观、价值观，成长为德智体美劳全面发展的社会主义建设者和接班人。

（二）促进经济社会事业发展

资助育人工作是党和政府惠及家庭经济困难学生的民心工程、德政工程。为落实这项工程，广东高校从促进教育公平、公正的高度、充分认识做好资助工作的重大意义，带着深厚的感情开展工作，认真落实各项政策

---

① 李忠军，钟启东. 落实立德树人根本任务，必须抓住理想信念铸魂这个关键[EB/OL]. （2018 - 05 - 31）[2019 - 06 - 01]. http://opinion.people.com.cn/nl/2018/0531/c1003 - 30024346.html.

和措施，真正把这项惠民政策办实、办好。党的十八大以来，广东高校资助育人工作的不断深化，使家庭经济困难学生不再因学费问题失去上学机会，充分享有了公平的教育机会。这不仅改变了学生个人及其家庭的命运，促进了家庭稳定脱贫和高质量脱贫，阻断了贫困代际传递，而且为社会输送了一大批优秀的人才，为广东"两个走在前列"提供人才保障。这些政策的落实，为帮助经济困难学生安心求学、支持教育事业发展、促进经济和社会事业发展起到了积极作用，从而赢得了学生、家长、学校和社会的一致好评。

（三）促进学生成长成才

近年来，广东高校不断完善资助育人工作，不仅确保"不让一个学生因家庭经济困难而失学"，而且教育引导他们更好地成长发展。一方面，国家新资助政策实施尤其是党的十八大以来，广东省受助学生比例、资助金额、范围等方面都得到了全面完善。既帮助家庭经济困难学生，又奖励优秀学生；既扩大了资助面，又提高资助强度，在广大学生中引起了强烈反响。据统计，2018年广东省政府、学校、社会投入学生资助总资金为75.2亿元，总资助人数为465.1万人，其中高等教育（含本专科及研究生阶段）各级各类资助34.8亿元，资助学生197万人。① 这些措施，有效地缓解了家庭经济困难学生的经济压力，帮助他们顺利完成学业，实现了"不让一个学生因为家庭经济困难而失学"的目标。另一方面，广东高校聚焦家庭经济困难学生的全面发展需求，坚持资助与育人的有机结合，将思想政治教育寓于资助工作中，在学生中开展了一系列以爱国主义教育、诚信教育、感恩教育、榜样教育、职业道德教育等为主要内容的思想政治教育，内容丰富，方法创新，措施有效，从而帮助学生树立自立自强观念，鞭策学生勤奋学习、努力上进，提升学生的核心竞争力，引导他们更好地成长成才。

四、资助育人存在问题

从广东高等教育全局看，广东高校资助育人工作落实到位、成效显著。

---

① 数据来源于广东省教育厅副厅长朱超华在2019年广东省学生资助工作会议上的讲话。

但从高校微观看，资助育人虽是高校既存的育人模式，现实中资助育人的实现程度却往往各异，且通常难以达到一种理想、完美的状态。从内容看，学生资助工作覆盖面广、涉及人数多、资助项目多、资助标准与审定比较复杂、政策性比较强，容易给人造成"隔行如隔山"的错觉。从效果看，育人工作需要潜移默化、润物细无声，与科研、教学相比，资助育人工作投入多、产出少、见效慢，难以产生"立竿见影""药到病除"的效果。上述这些原因，客观上造成人们对资助育人的认识产生迟滞甚至误解，使得一些高校的资助育人工作在实践中难以真正落到实处。总体看来，广东高校资助育人工作存在以下三种现实问题。

第一，资助育人理念有待进一步落实。众所周知，人类认识事物是一个由易到难、由简单到复杂的渐进过程，高校对资助育人的认识也不例外。从时间看，虽然高校学生资助工作自中华人民共和国成立以来就存在并逐渐发展，但其被人们广泛认识和接受，应该是在2007年国家实行新的资助政策体系之后，至今才十余年，而资助育人理念的产生和实践则更晚。近年来，随着国家学生资助政策体系的完善，高校学生资助工作呈现出业务量成倍增长、业务种类持续增多、工作难度日益增大的特点。面对这种情况，高校学生资助中心人员编制少、院系辅导员事务性工作较多，使得高校相关的资助工作人员无暇将育人工作落实、落细，"两眼一睁，忙到熄灯""白加黑，5+2"成了资助工作人员的真实写照。因此，个别高校仍停留在经济资助等事务工作中，忽视了家庭经济困难学生的发展需求，未能很好地树立起资助育人理念。

第二，资助育人体系有待进一步完善。近年来，国家学生资助政策体系从不完整逐步走向完善，资助项目从少到多，资助面从窄到宽，形成了以奖学金、助学金、国家助学贷款、勤工助学、学费减免、临时困难补助、绿色通道为主要内容的学生资助政策体系，充分保障了"不让一个学生因家庭经济困难而失学"。但是，正如教育部部长陈宝生同志所言，"学生资助必须坚持育人导向，将育人作为资助工作的出发点和落脚点，构建物质帮助、道德浸润、能力拓展、精神激励有效融合的长效机制，形成'解困—育人—成才—回馈'的良性循环"①。学生资助政策体系仅是资助育人工作的基础，高校资助育人工作仍有进一步完善的空间。例如，有些高校标榜落实资助育人工作，实际上是为彰显工作形式而工作，为追求工作效应而工作，很多都是短期的、形式性的，并没有从资助育人的发展规律出发，立足长远，形成资助育人长效机制，系统性地实施资助育人；有些高校注重各项资助工作的评选结果，没有面向受资助学生开展励志教育、感恩教育、诚信教育、创新创业教育等，资助育人工作沦为"发钱"工作；有些高校没有针对家庭经济困难学生在心理、就业等方面的发展需求，仅仅关注学生在经济层面上的困难，没有拓展经济资助之外的发展型项目。这样功利化的育人活动，其效果主要体现在报表材料和工作汇报上，不但没有达到应有的育人实效，而且阻碍了原有的资助工作。

第三，资助育人效果有待进一步提升。在当前资助育人备受关注和重视的情况下，高校非常重视资助育人，甚至出现了资助育人万能的思想倾向，对资助育人寄予了无限美好的期待或者理想，在工作中出现急功近利的做法，与真正的"资助育人"存在距离。例如，有些地方和学校，将国家的助学政策作为招生的噱头，扭曲宣传国家政策；有些地方和学校，将国家助学金作为奖励，与学习成绩挂钩，奖励学习成绩好的学生，剥夺了本应接受资助的家庭经济困难学生的权益；有些地方和学校，随意扩大资助面，降低资助标准，搞平均资助，搞轮流坐庄；有些地方和学校，工作方式粗糙，审核把关不严；有些地方和学校，配套资金落实不到位，资助资金发放不及时、不足额，个别学校甚至出现挪用困难学生资助资金的严重案例。

---

① 陈宝生. 进一步加强学生资助工作［N］. 人民日报，2018-03-01（13）.

第二章 广东高校资助育人工作目标

在组织管理中，目标是不可或缺、至关重要的。它可以为组织指明方向，提供协调集体行动的方向，引导组织成员形成统一的行动。它可以为组织成员提供激励，激励组织成员获得更多的力量源泉和行动力，并创造最佳成绩。它是日常决策标准和考核依据，是组织制定决策方案的出发点，是考核管理决策的制定和执行工作的依据。在资源稀缺的前提下，任何一个组织的运行、任何一项制度的落实、任何一项具体工作的开展均不能盲目而为，都需要设定既定目标，进行目标管理，以此提高投入产出的效果。《国家教育事业发展"十三五"规划》提出，教育事业的发展要强化目标管理。作为教育事业的组成部分，高校学生资助育人工作需要设定一定时期的发展目标。

第一节 资助育人工作目标设定原则

高校学生资助育人工作目标能为资助育人工作的开展指明方向，提供决策标准和考核依据，激励工作成员高效完成任务。目标的设定不能顺意而定，必须遵循目标协同化、多样化以及可接受性与挑战性的动态平衡等原则。

一、协同化

高校资助育人工作目标的确定要综合国家及组织的整体观和家庭经济困难学生的个人观。第一，高校学生资助育人工作是一项在遵守国家资助政策制度框架和核心内容的前提下，因地制宜、因校制宜的政策落实工作，其目标必须与国家资助政策的总体目标相一致、相呼应，服务于总体目标，不能有悖于总体目标。第二，学生资助育人工作是高校教育、管理及服务工作的重要组成部分，其目标要统一在学校整体发展目标之中，促进学校整体发展目标的实现。第三，高校学生资助育人工作还要有助于家庭经济困难学生个人目标的实现。高校学生资助育人工作要体现国家目标、高校目标及家庭经济困难学生个人目标三者之间的统一和融合。

二、多样化

高校资助育人工作目标要从不同侧面、不同层次有效地体现工作效果。从内容看，高校学生资助育人工作主要涵盖两个方面——资助和育人。其中，资助是手段，育人是根本和终极目标。从效果彰显看，高校学生资助育人工作存在短期效果与中长期效果、显性效能与隐性效能的区别，因而资助目标更可能是定量的、短期的、显性的，而育人目标则是定性的、中长期的、隐性的。资助目标和育人目标相互促进、相得益彰，共同推动高校资助育人工作开展。

三、可接受性与挑战性动态平衡

高校学生资助育人工作目标应能实实在在地、有梯度地、有节奏地加以实现，从资助家庭经济困难学生顺利求学，到推进家庭经济困难学生实现更好就业，再到阻断贫困代际传递的有序推进。在推进过程中，目标赖以实现的各种投入和可支持资源是动态变化的，低层次目标在支持资源较少的情况下也能容易实现，而最高层次的目标则是长期坚持、多方努力的结果。高校资助育人工作目标既要满足具体目标的可达到性，具有夯实的现实基础，又要以"中国梦"为轴心富有想象空间。

鉴于学生资助育人政策性较强的特点，在遵循目标设定的协同化、多样化以及可接受性与挑战性动态平衡的原则下，本章从国家、高校两个资助育人主体以及家庭经济困难学生一个资助育人客体出发，基于宏观、中观及微观三个视角阐述高校学生资助育人工作的目标。宏观上，高校学生资助育人工作的目标是助力国家宏伟蓝图建设;中观上,高校学生资助育人工作的目标是贯彻落实新时代资助政策;微观上,高校学生资助育人工作的目标是助力家庭经济困难学生成长成才。

第二节　宏观目标——助力国家宏伟蓝图建设

教育部部长陈宝生同志曾指出,做好学生资助工作是建设人力资源强国的迫切需要,是全面建成小康社会的必然要求,是加快教育现代化的重要基础。这为做好学生资助工作指明了方向、设定了目标。为了高校学生资助工作的深化与拓展,高校学生资助育人工作的宏观目标必须与国家资助政策的总体目标相一致、相呼应,助力国家宏伟蓝图建设,推进人才强国建设、全面小康社会建设,实现教育现代化。

一、助力人才强国建设

自人力资本理论诞生以来,人们对人才资源的地位和作用有了更深刻、系统的认识,人才资源是经济社会发展的第一能动性资源。为此,党和政府历来重视人才问题,将人才强国建设作为党和国家的一项重大战略决策。党的十九大报告进一步强调,"人才是实现民族振兴、赢得国际竞争主动的战略资源。要坚持党管人才原则,聚天下英才而用之,加快建设人才强国。实行更加积极、更加开放、更加有效的人才政策,以识才的慧眼、爱才的诚意、用才的胆识、容才的雅量、聚才的良方,把党内和党外、国内和国外各方面优秀人才集聚到党和人民的伟大奋斗中来,鼓励引导人才向边远贫困地区、边疆民族地区、革命老区和基层一线流动,努力形成人人渴望成才、人人努力成才、人人皆可成才、人人尽展其才的良好局面,让各类人才的创造活力竞相迸发、聪明才智充分涌流"①。当前,我国经济社会发展进入新时代,中华民族的伟大复兴迫切需要教育为社会培养、输送各类

---

① 习近平在中国共产党第十九次全国代表大会上的报告[EB/OL].(2017-10-28)[2019-06-01]. http://cpc.people.com.cn/n1/2017/1028/c64094-29613660.html.

人才，而在各类人才供给中，创新型高端人才的比例偏低。经济社会发展日益增长的人才需要和不平衡不充分的人才供给之间的矛盾强烈要求社会进行人事制度改革，优化人才结构，基于人才需求，培养水平更高、能力更强的创新型高端人才。

高校在人才培养工作中发挥着重要作用，是培养高端人才、创新型人才的重要基地，是高端人才、创新型人才从校园培养走向社会实践的转折点。为适应社会经济发展需要，高校增强服务经济社会发展的能力迫在眉睫。对于增强高校服务经济社会发展的能力，占比20%～30%的家庭经济困难学生群体贡献不小，高校可以为经济社会发展培养和输送优秀的家庭经济困难学生人才。家庭经济困难学生获得高等教育培养机会，再通过社会工作的实践，最终成为高端人才、创新型人才等各类紧缺人才，增加了高端人才、创新型人才的供给，优化了我国人才结构，并最终促使经济社会发展。党和政府要关心和爱护家庭经济困难学生，严格要求家庭经济困难学生，为他们自立自强、贡献社会、实现出彩人生搭建舞台，通过高校学生资助育人工作，助其顺利完成高等教育、完成校园培养这一环节，为其社会实践夯实能力素质基础，提高思想道德素质、科学文化素质和身心健康素质，成为具有国际竞争优势的人才队伍，特别是成为能够紧跟并引领世界科技潮流的创新型人才队伍中的一员，为实现中华民族伟大复兴提供坚实的人才支撑和先锋力量。人才强国建设需要高质量的高校资助育人工作，通过包括家庭经济困难学生在内的人才培养及输出，为现代化强国建设提供人力资源支撑保障。

二、助力全面小康社会建设

全面小康社会建设的要求不仅仅是解决温饱问题，而是从政治、经济、文化等各方面满足城乡发展需要，使得"经济更加发展、民主更加健全、科教更加进步、文化更加繁荣、社会更加和谐、人民生活更加殷实"①。根

---

① 习近平在中国共产党第十九次全国代表大会上的报告［EB/OL］.（2017-10-28）［2019-06-01］. http：//cpc. people. com. cn/n1/2017/1028/c64094-29613660. html.

据小康社会的内涵，党和国家提出了在人均国内生产总值、城镇居民人均可支配收入、农村居民家庭人均纯收入、恩格尔系数、城镇化率、居民家庭计算机普及率、大学入学率、每千人医生人数、城镇居民最低生活保障率等方面需要达到的基本标准。教育是国之根本，全面小康社会所需要达到的基本标准离不开教育的支持，也离不开教育子系统学生资助育人工作的支持。扎实推进高校学生资助育人工作将直接或间接促使全面小康社会所需要达到的基本标准达标并得到提升，从而助力全面小康社会建设。从更直观、简单的角度去理解，全面小康社会首先要消灭贫困，缩小城乡间、地区间、社会阶层间的收入差距。而高校学生资助工作在这方面发挥着积极作用，教育扶贫功在千秋。

（一）高校学生资助育人工作缩小劳动力市场分割带来的收入差距

劳动力市场具有分割属性，分为主要劳动力市场和次要劳动力市场两个市场。其中，高素质人才占据主要劳动力市场，平均工资水平高；次要劳动力市场主要由低素质人才组成，平均工资水平低。高校学生资助育人工作的目标在于让更多的家庭经济困难学生获得高等教育，成为高素质人才，顺利进入主要劳动力市场就业，加大主要劳动力市场高素质人才的供给，从而获得主要劳动力市场较高的市场平均工资，从劳动性收入层面缩小收入差距。

（二）高校学生资助育人工作缩小要素分配机制带来的收入差距

在要素分配机制发挥作用的情况下，劳动要素的数量及质量投入越多、要求越高，则劳动回报越大；资本要素的数量投入越多，投资回报也越大。高校学生资助育人工作的目标在于提高家庭经济困难学生教育年限及教育层次，提高人力资本存量，实现短期内劳动性收入的提高，并通过储蓄转化为存款，增加投资性资本积累，增加其资本投资力度，进而有效提高资本性收入，通过劳动性收入和资本性收入的总体提高来缩小收入差距。

（三）高校学生资助育人工作缩小要素再分配机制带来的收入差距

高校资助资金主要来源有政府的财政拨款、学校的行政事业收费计提以及社会捐赠。资助在本质上是一种国家对贫困群体、社会对贫困群体的转移支付，直接提高贫困家庭的经济收入水平，减少贫困家庭的教育支出压力。

（四）阻断贫困的代际转移

学生资助育人工作是教育扶贫，不仅改善贫困家庭的教育支出状况，而且通过教育影响贫困子女新组建家庭的经济状况，从根本上阻断贫困的代际转移，减少返贫发生的概率，实现稳定脱贫，固化贫困家庭若干后代的经济宽裕与富足。这有效地实现了经济发展成果惠及全员和子孙后代，助力全面小康社会建设，促进社会和谐稳定。

三、助力教育现代化建设

为了现代社会、经济、科技发展的需要，教育需要实现现代化。《国家中长期教育改革和发展规划纲要（2010—2020年）》指出："教育现代化就是用现代先进教育思想和科学技术武装人们，使教育思想观念，教育内容、方法与手段以及校舍与设备，逐步提高到现代的世界先进水平，培养出适应参与国际经济竞争和综合国力竞争的新型劳动者和高素质人才的过程。"[①] 党的十九大报告进一步强调："必须把教育事业放在优先位置，深化教育改革，加快教育现代化，办好人民满意的教育。"[②]《国家教育事业发展"十三五"规划》提出了"十三五"时期教育改革发展的总目标："教育现代化取得重要进展，教育总体实力和国际影响力显著增强，推动我国迈入人力资源强国和人才强国行列，为实现中国教育现代化2030远景目标奠定坚实基础。"[③] 教育现代化是教育事业长期坚持的发展目标。作为教育工作的子系统，高校学生资助育人工作服务于教育现代化建设的目标，助力于教育的普及化、个性化、国际化及信息化建设。

---

① 中华人民共和国教育部. 国家中长期教育改革和发展规划纲要（2010—2020年）［EB/OL］.（2010 – 07 – 29）［2010 – 07 – 29］. http://www.moe.edu.cn/srcsite/A01/s7048/201007/t20100729_171904.html.

② 习近平在中国共产党第十九次全国代表大会上的报告［EB/OL］.（2017 – 10 – 28）［2019 – 06 – 01］. http://cpc.people.com.cn/n1/2017/1028/c64094 – 29613660.html.

③ 中华人民共和国中央人民政府. 国务院关于印发国家教育事业发展"十三五"规划的通知［EB/OL］.（2017 – 01 – 19）［2019 – 06 – 01］. http://www.gov.cn/zhengce/content/2017 – 01/19/content_5161341.htm.

（一）高校学生资助育人工作的全覆盖直接推动教育的普及化

高校学生资助育人工作确保每一个在校的家庭经济困难学生至少获得一个专项资助，确保每一个考上大学的家庭经济困难学生能够顺利完成学业。这促使绝大多数城乡新增劳动力能够接受高等教育，促进了教育公平，提高了高等教育入学率以及社会平均受教育年限，从总体上提高了国民素质，推动了教育的普及化建设。

（二）高校学生资助育人工作直接推动教育的个性化

家庭经济困难学生日益增长的资助需求与资助育人供给不平衡不充分的矛盾倒逼高校学生资助育人工作提质增效。高校学生资助育人工作必须以需求为导向，走资助育人内涵式发展道路，建立发展型资助体系，构建"物质帮助、道德浸润、能力拓展、精神激励、规范管理"有效融合的资助育人长效机制，提供个性化、差别化的精准资助育人供给，将家庭经济困难学生培养成为全面发展又具有个性特长的创新型人才。这极大地推动了教育的个性化建设。

（三）高校学生资助育人工作直接推动教育的国际化

当前高等教育改革强调一流大学和一流学科的"双一流"建设。高校"双一流"建设要求一流的学生资助育人建设与之相匹配。同时，一流的学生资助育人建设又进一步促进高校"双一流"建设。高校"双一流"建设的国际化路径必然推动学生资助育人的国际化路径；学生资助育人的国际化又推动教育国际化进一步发展。在一流的学生资助育人建设中，高校不断树立国际化和开放性的资助理念与格局，培养具有国际视野的资助育人工作队伍，打造本土资助育人亮点，开展跨国资助合作与交流，吸收发达国家资助育人工作的先进经验，创设家庭经济困难学生境外研学项目，为培养具有全球视野、国际竞争能力的创新型人才提供有力的资助育人支持。

（四）高校学生资助育人工作直接推动教育的信息化

在学生资助育人工作领域中充分运用现代信息技术，充分发挥QQ、微博、微信等新媒体育人功能，保证资助政策的广泛宣传和资助育人工作的有效落实，以此提升教育广度和深度，为教育的普及化、个性化及国际化提供信息保障。最终，通过高校学生资助育人工作全覆盖、个性化、国际化和信息化实现教育现代化，提高教育质量，优化教育结构，实现教育公平，推动教育事业又好又快地发展。

第三节 中观目标——贯彻落实新时代资助政策

贯彻落实新时代资助政策、开展教育扶贫的主要力量在教育系统。教育系统中学生资助育人目标的实现将推动国家资助政策目标的实现。对于高校而言，学生资助育人工作是其教育、管理和服务工作的有机组成部分，是人才培养工作、大学生思想政治教育工作的重要组成部分。高校学生资助育人工作要服务于学校整体发展目标，服务于学校的教育目标。落实"立德树人"这一根本任务，要服务于学校资助管理业务目标，完善发展型资助体系，实施精准资助。

一、落实"立德树人"根本任务

"培养什么人，如何培养人"，这是教育的根本问题。在人的成长中，德性成长是人的全面发展的根本保证。人的德性培养是教育的首要任务，德育是教育的本质，"立德树人"是教育的根本任务。党的十九大报告指出："必须把教育事业放在优先位置，深化教育改革，加快教育现代化，办好人民满意的教育。要全面贯彻党的教育方针，落实立德树人根本任务，发展素质教育，推进教育公平，培养德智体美全面发展的社会主义建设者和接班人。"[①] 教育事业的发展和人才的培养要求各级各类学校坚持并落实"立德树人"这一根本任务。高校是培养和输送高素质人才的重要基地，必须围绕教育"立德树人"这一根本任务，抓住大学生价值观形成和确定的关键时期，做好大学生思想政治教育工作，进行社会主义核心价值观、理想信念、劳动及中国传统文化等教育，引导包括家庭经济困难学生在内的所有大学生扣好人生的第一粒扣子，树立远大理想，热爱伟大祖国，担当

---

① 习近平在中国共产党第十九次全国代表大会上的报告［EB/OL］. (2017 – 10 – 28)［2019 – 06 – 01］. http://cpc.people.com.cn/n1/2017/1028/c64094 – 29613660.html.

时代责任，勇于砥砺奋斗，练就过硬本领，锤炼品德修为，成为担当中华民族伟大复兴大任的时代新人。

高校学生资助育人工作是人才培养工作、大学生思想政治教育工作的重要组成部分，是高校教育、管理和服务工作的有机组成部分，关系到大学生成长成才的问题，关系到高校运行成效问题，更关系到"立德树人"这个根本任务的实现问题，以及教育事业的可持续发展问题。2018年5月2日，习近平总书记在北京大学师生座谈会上的讲话中指出："要把立德树人的成效作为检验学校一切工作的根本标准，真正做到以文化人、以德育人，不断提高学生思想水平、政治觉悟、道德品质、文化素养，做到明大德、守公德、严私德。要把立德树人内化到大学建设和管理各领域、各方面、各环节，做到以树人为核心，以立德为根本。……要爱国，忠于祖国，忠于人民。……要励志，立鸿鹄志，做奋斗者。……要求真，求真学问，练真本领。……要力行，知行合一，做实干家。……广大青年要努力成为有理想、有学问、有才干的实干家，在新时代干出一番事业。"[1] 习近平总书记系列重要讲话，为高校教育工作坚持"立德树人"根本任务提出新要求的同时，也为新时代高校做好学生资助育人工作阐明了重要作用、指明了发展目标。高校落实"立德树人"这一根本任务，发展素质教育，推进教育公平，培养德智体美劳全面发展的社会主义建设者和接班人，高质量资助育人工作保驾护航必不可少。高校学生资助育人工作目标在于落实"立德树人"这一根本任务，构建物质帮助、道德浸润、能力拓展、精神激励、规范管理有效融合的资助育人长效机制，形成"解困—育人—成才—回馈"的良性循环，提升家庭经济困难学生思想道德水平，培养创新创业精神与能力，强化实践动手能力，塑造强健体魄，提高文化修养，增强生态文明素养，提高综合国防素质，促进其成长成才。

二、完善发展型资助工作体系

自国家推行资助政策以来，高校积极响应贯彻落实，构建了以"奖、

---

[1] 习近平. 在北京大学师生座谈会上的讲话 [EB/OL]. (2018 - 05 - 03)[2019 - 06 - 01]. http://www.xinhuanet.com/2018 - 05/03/c_1122774230.htm.

贷、助、勤、补、免"为主要内容的资助工作体系，基本解决家庭经济困难学生的求学难题。

　　一方面，保障型资助工作体系成绩显著。高校实现了保障型资助体系年年有新动作，资助总量年年有新增长，家庭经济困难学生受资助机会及水平大幅提升，极大地满足了家庭经济困难学生日益增长和变化的资助需求。

　　另一方面，发展型资助工作体系探索不足。高校资助育人工作呈现出不平衡不充分的问题，主要表现在：①重保障型资助，轻发展型资助。绝大多数高校实现"扶困"等经济性资助全覆盖，每个家庭经济困难学生至少获得一个专项援助，但"扶智""扶志"等发展性资助供给不足，道德浸润、能力拓展、精神激励等方面的资助项目还需深化及拓展，发展性资助呈现低覆盖、不均衡、非系统化及断续性等态势。②重权利享有，轻义务承担。现有的学生资助工作体系强调家庭经济困难学生的资助申请权和按时获得资助金的权利，但对诚信承诺、定期汇报、服务社会等资助可承担义务规定不足，资助项目忽视对家庭经济困难学生的获助义务要求。在资助育人过程中，社会责任教育与感恩教育不够充分，过程育人发挥不力。③重主体挖掘，轻客体激励。高校通过对政府、社会等外部资助育人主体资源的整合，形成了内外结合、上下联动的"他助"扶助体系，而对家庭经济困难学生资助客体资源的挖掘不够充分，朋辈教育及辅导尚未系统化构建，家庭经济困难学生和普通大学生、家庭经济困难学生之间的"自助"扶助体系还需加强。④重设计实施，轻评估监控。现有高校学生资助育人工作体系重点考虑管理中的计划与实施环节，而缺乏有效的评估体系。鉴于资助育人投入大、产出慢、评估难的特点，立竿见影的效果不明显且难以量化度量，现有的资助育人评估体系能简单统计经济性资助投入规模、受益人次等成效，但对思想教育、道德浸润、能力拓展、精神激励等方面的资助缺乏量化指标和系统评价，大多数是定性的直观感受和经验总结，而缺乏定量的实证结论。家庭经济困难学生的资助需求变化和资助育人工作存在的问题倒逼高校学生资助育人工作转型升级，走发展型资助的道路。教育部颁布的《高校思想政治工作质量提升工程实施纲要》指出："把'扶困'与'扶智'、'扶困'与'扶志'结合起来,建立'国家资助、学校奖助、社会捐助、学生自助'四位一体的发展型资助体系,构建物质帮助、道德浸润、能力拓展、精神激励有效融合的资助育人长效机制。"①

高校学生资助育人工作的目标是完善发展型资助工作体系,使其更加成熟定型。发展型资助工作体系的成熟定型具体表现在:有先进的发展型资助育人理念,有充足的发展型资助资金资源,有立体的发展型资助育人体系,有配套的发展型资助工作机制,以及有科学的发展型资助工作评价体系。

第一,树立新时代学生资助育人思维。以习近平新时代中国特色社会主义思想为指导,从国家发展战略的高度认清高校学生资助育人工作的地位与作用,将学生资助高增长转变为学生资助育人高质量。

第二,提高保障型资助规模。加大资助资金力度,整合资助资源,实现家庭经济困难学生保障型资助有质量、全覆盖。

第三,构建发展型资助工作体系。扩容增质现有资助体系,发挥经济性资助传统功能,拓展其发展性资助内涵,创设一批新发展性资助模块,提高扶贫、扶智及扶志的融合度。优化学生资助结构,将资助资源重点投向有偿性、发展性资助领域,加大"能力提升计划""社团建设"等发展性资助模块建设,逐渐实现学生资助育人由保障型转向发展型。

第四,健全发展型资助工作机制。基于学生的全面发展,修订学生发展型资助管理制度,打造具有国际视野和先进资助理念的学生资助育人工作队伍,构建发展型资助工作信息平台,加大对受助学生典型事迹、高校发展型资助工作探索的宣传,挖掘、整合量大质优的发展型资助资源。

第五,构建科学的发展型资助工作体系。评估资助效果和育人效果,特别是从中长期跟踪了解家庭经济困难学生的成长成才情况。

---

① 中华人民共和国教育部. 中共教育部党组关于印发《高校思想政治工作质量提升工程实施纲要》的通知 [EB/OL]. (2017-12-05) [2019-06-01]. http://www.moe.gov.cn/srcsite/A12/s7060/201712/t20171206_320698.html.

三、精准实施资助育人措施

教育扶贫是我国扶贫攻坚的一个重要工作，是扶贫助困的治本之策。高校学生资助育人工作不仅是教育工作的重要组成部分，而且属于脱贫攻坚整体战略布局中的一项基础性工作。一方面，高校学生资助育人工作的服务对象来自贫困家庭。家庭经济困难学生认定工作是高校学生资助育人工作的基础性工作，而认定的重要指标是家庭经济状况。另一方面，高校资助育人工作从教育场域助力扶贫攻坚工作的顺利完成。通过资助，贫困家庭子女顺利完成高等教育，获得"生产性学习和实践"机会，掌握谋生所需的科学文化知识，积累"生产性技能"，顺利就业并实现职业晋升，稳定家庭经济收入，实现社会向上流动，从而从根本上阻断贫困的代际传递，彻底改变贫困命运。扶贫攻坚工作的战略方针、目标定位也为高校学生资助育人工作指明了工作方向。当前扶贫攻坚工作坚持精准的理念，强调扶贫贵在精准，重在精准，成败之举在于精准。党的十九大进一步指出要"坚持精准扶贫、精准脱贫"，"坚决打赢脱贫攻坚战"①。由此可见，精准资助是新时代高校学生资助育人工作亟待解决的课题和工作目标。

高校学生资助育人工作应牢固树立精准资助的理念，在粗放资助取得面上成绩的基础上，强调资助育人工作点上的加固和质量的提升，针对不同学生的家庭经济状况、个性特点及资助需求，运用科学有效的程序对家庭经济困难学生实施精确识别、精确帮扶及精确管理。具体而言，精准资助包括以下五个方面。

（一）对象精准

要制定科学的家庭经济困难学生认定办法和动态管理机制，精准识别资助对象及其困难等级，既不漏掉一个又不多余一个，困难等级真实将充分反映出贫困家庭的经济状况。

---

① 习近平在中国共产党第十九次全国代表大会上的报告［EB/OL］．（2017-10-28）［2019-06-01］．http：//cpc.people.com.cn/n1/2017/1028/c64094-29613660.html．

（二）内容精准

要定期开展家庭经济困难学生资助需求调研，根据"奖、贷、助、勤、补、免"等资助模块的特点和育人功能差别，完善高校学生资助工作体系，完善扶贫、扶智、扶志相结合的发展型资助，采用他人推荐制和个人申请制相结合的方式选择资助对象，提供个性化、差异化资助育人服务，满足家庭经济困难学生多方面、多层次的资助需求。

（三）资助金使用精准

要根据资助资金规模、家庭经济困难学生规模及具体项目既定目标，确定合理的资助标准和资助档次，在"广撒胡椒面"和重点扶持间进行自由、合理切换，提高资助育人的针对性和实效性。

（四）措施精准

要在经济资助中注入人文关怀和心理辅导，跟踪受助学生表现，建立受助学生资助档案和成长档案；要发挥社团育人功能，成立家庭经济困难学生社团，将属于不同资助项目的受助学生统一管理，实现分散资助资源的共享、有机整合以及重新分配，提高资助资源配置的效率，形成资助育人合力；要营造良好的国家资助环境、社会资助环境和校内资助环境，强化受助学生与资助各主体之间的联系和交流；要鼓励家庭经济困难学生为高校学生资助育人工作建言献策，赋予他们参与、评价及完善资助政策的话语权、策划资助过程的参与权、跟进资助后续服务工作的机会权，为他们参与学校学生管理事务搭建平台。

（五）成效精准

要构建多维度资助育人工作评价体系，通过资助育人工作总体评价体系，总结高校资助育人工作的整体成效；通过育人主体绩效评价体系，评估资助育人各个主体分工合作、政策执行情况；通过育人客体跟踪反馈体系，调查家庭经济困难学生的资助满意度、心理发展及成长成才情况。

第四节　微观目标——助力学生成才成长

人的全面发展，是指人的体力和智力充分、自由、和谐的发展，还包括人的道德的发展。从内容维度看，人的全面发展，是发展人的多方面才能，同时，基于自身的素质结构，有主有次，突出优势，规避劣势。从时间维度看，人的全面发展不仅重视当前发展，而且关注未来发展、可持续发展。基于服务的客体，有效的学生资助育人工作要提高家庭经济困难学生的核心竞争力，使其成为优秀人才，奠定发展基础，引领未来发展，实现可持续发展。

一、奠定发展基础

人的生存与发展伴随着对稀缺资源的获取、开发及利用。更多重要稀缺资源的持有意味着更高核心竞争力的获得，意味着更好的发展获得坚实的发展基础。人的生产和发展过程不断提升其核心竞争力，其所持的核心竞争力又推动人的自由和全面发展。人的一生所持有的核心竞争力不仅包括经济硬实力，而且包括素质、能力以及文化等软实力。经济硬实力是最基础的物质性核心竞争力，素质、能力以及文化等软实力是非物质性核心竞争力，是在经济实力基础上发挥自身价值的重要核心竞争力。虽然在定义内涵、作用机理及表现形式上存在差异，但这几种核心竞争力相互关联、互相影响，并在一定条件下相互转化。对经济硬实力以及素质、能力、文化等软实力的投资会影响核心竞争力的总体水平及质量结构，进而影响人的发展。当前，为了实现"不让一个学生因家庭经济困难而失学"的目标，保障家庭经济困难学生获得教育公平，政府推行自上而下的学生资助政策以补充家庭教育投资的不足。作为政府介入的一种补充性教育投资，学生资助的微观目标包括：缓解家庭经济困难学生的经济困境，提高能力素质，练就过硬本领，锤炼品德修为，完善人格品质，实现其核心竞争力的进一步提升。

（一）缓解经济困境

家庭经济困难学生面临的最直接的问题是家庭财富和禀赋不足，进而影响其高等教育求学机会以及一系列教育投资选择。高校向他们提供的奖学金、助学金、特殊困难补助等经济资助实际上是一种收入再分配。政府、社会各界提供各类资助资金支持，由高校负责落实资助政策，并实施具体资助措施，以此实现政府及社会对个人、高收入者对低收入者的转移支付。这直接提高了家庭经济困难学生的家庭收入水平，拓宽了家庭教育支出的资金渠道，软化了家庭的财务约束，从而提高了家庭经济困难学生家庭及个人的经济实力，在一定程度上缓解财富和禀赋先天不足带来的各种教育支出难题。有了相对充足的教育资金，贫困家庭便有了支付学费、住宿费及生活费等的经济实力，家庭经济困难学生便能安心求学，实现人生飞跃。

（二）提高能力素质

人力资本理论指出，人力资本是体现在个人身上的体力、知识、技能和劳动熟练程度的总和，同物质资本一样，人力资本可以通过投资得以形成。人力资本投资方式包括教育、在职培训、医疗保险购买、工作实践及工作迁移等多种手段。不同特征的劳动者选取的人力资本投资方式各有不同。对于已经进入劳动力市场的现实劳动者而言，他们通常多管齐下、综合运用多种方式实现人力资本的积累和提升；而对于未曾进入劳动力市场的大学生而言，其人力资本投资主要通过家庭出资的教育投资来实现。教育投资受家庭经济实力、财富和禀赋的影响较大，不同家庭经济状况的大学生在教育投资策略上存在显著差异。家庭经济状况理想的大学生，其高昂学费完全由家庭负担，其教育投资呈现充足、连续、稳定的态势，他们顺利完成学业和提升核心竞争力的目标通常都能实现，并在职场中力争上游。但是，对于家庭经济困难学生而言，家庭财富和禀赋不足极大地影响其教育投资策略，基于匮乏的经济实力，他们很可能选择中断人力资本投资，放弃受教育机会，或者被迫中途辍学。

高校学生资助育人工作的微观目标之一在于：通过集结政府、学校和社会多方力量，构建学生资助工作体系，发挥学生资助的经济功能，提供人力资本投资所需的资金支持，促使家庭经济困难学生在短期内不再为学费、住宿费、生活费所担忧，全身心投入到知识、技能的学习和培训中；挖掘学生资助的教育功能，鼓励家庭经济困难学生多参与社会实践，进行体验式学习，发挥"干中学"培养机制，将资助育人的过程看作人力资本积累的过程，从而激发家庭经济困难大学生的人力资本投资热情，加大人力资本投资力度，丰富人力资本投资方式，保持人力资本投资稳定。最终，高校学生资助育人通过第一课堂学习及第二课堂实践的综合路径，提高家庭经济困难学生的能力素质，练就过硬本领，实现核心竞争力的进一步提升。

（三）完善人格品质

文化是根植个人、组织及社会当中的制度或者非正式制度，如法律制度、社会传统、价值观念、行为模式等。这种非物质性软实力对个人发展具有重大影响，是个人永葆竞争优势的最深厚根基和最丰富滋养。就家庭经济困难大学生而言，最主要的文化软实力包括价值观念和行为标准等人格品质以及文凭等体制性文化软实力。

文凭是家庭经济困难学生"知识改变命运"的第一筹码，不同学历层次、学校类型、学科专业的文凭代表不同的文化软实力。学历越高、学校排名越靠前、学科越热门的"闪亮"文凭，其代表的文化软实力水平及质量越高。高校学生资助育人工作应助力家庭经济困难大学生追求并获得更"闪亮"文凭。通过经济资助，家庭经济困难学生既获得高等教育机会，又降低高等教育选择约束；不仅可以接受本科教育，而且能考研深造；不仅能够全面选择可读学校及专业，而且能自主选择心仪的一流学校及热门学科。最终，高校学生资助育人通过学历教育路径提高家庭经济困难学生文化软实力水平及质量，实现核心竞争力的进一步提升。

价值观念和行为标准影响家庭经济困难学生一生的发展。该群体的价值观念和行为标准在形成过程中，存在三种价值对抗与冲突。一是主流价值观会推动形成社会认同的价值取向和行为模式。二是消费主义、拜金主义、享受主义以及经济贫困的现实落差对主流价值观的怀疑和误解。三是从贫困状态中逐渐衍生出来的脱离社会主流文化、割裂社会融合的特殊群体认同感和价值观，这种贫困文化与主流价值观相冲突，并通过代际传递影响贫困后代。主流价值观与非主流价值观的冲突对抗会产生两个结果：理想结果是非主流价值观融入主流价值观，非理想结果是非主流价值观继续被边缘化。

高校学生资助育人工作的微观目标之一在于：在家庭经济困难学生价值观形成和确定的关键时期，发挥学生资助唤醒良知、规划内化、价值引领、道德养成、责任担当的思想政治教育功能，弱化多种价值冲突，实现价值融合，鼓励家庭经济困难学生践行社会主义核心价值观，树立正确的世界观、人生观和价值观，树立远大理想，热爱伟大祖国，担当时代责任，勇于砥砺奋斗。最终，高校学生资助育人通过思想政治教育路径完善家庭经济困难学生的人格品质，锤炼品德修为，实现核心竞争力的进一步提升。

二、引领未来发展

就社会中的个人而言，所有人都有强烈的向上流动意愿。人的未来发展追求更好的职位、更高的社会地位、更高的社会认同、更幸福的生活。虽然社会总是不遗余力地创造更多的向上流动机会，但这种向上流动机会分布极不均匀，需要外因的推动，更需要个人克服先天不足，配备向上流动的"武器"，积极抓取机会，发挥高等教育优势，借助社会资源力量，打开向上流动的通道，实现向上流动，促使当前发展和未来发展和谐统一。

一方面，争取获得高质量教育资源，提高学历层次，提高职称层次，配备向上流动所需的知识、技能、素养，强化核心竞争力优势，进而建立自身的向上流动优势。另一方面，拓展社会资源，借助他人力量实现向上流动。社会资源是个人拥有的，与社会组织、社会个人密不可分的资源集合体，是人所持有的重要核心竞争力，它存在于人际关系和结构中，能为个体提供便利及缺失资源，以达到既定的发展目的。社会资源积累的有效途径是社会交往，通过与更多人打交道、与不同层次的社会资源点加强互动、与优质人士建立密切联系来完善自身的社会资源水平及结构。鉴于家庭经济困难学生社会交往的接触面较窄，其社会资源相对较少，要充分发挥政府、高校、社会、朋辈等多个资助主体的资源优势，使政府、高校、社会团体及个人、朋辈等资助主体成为家庭经济困难学生社会资源的新增结点，通过新增结点产生几何倍数的新鲜交往线，扩大和提高家庭经济困难学生社会资源规模及质量。此外，家庭经济困难学生社会资源的新增结点是政府、高校、社会团体及个人，具有较高质量的社会地位，拥有较高的社会权力、社会资源和社会声望，可以为家庭经济困难学生的生存和发展提供他们所需的各类平台及资源，利用各类资源及平台，影响与干预其发展的速度与进程，克服发展中的信息不对称难题。通过与政府机构、社会成功人士建立长期、密切、稳定的社会交往，家庭经济困难学生可以改善自身社会资源状况，扩大社会交往范围，提高社会交往层次，增加社会交往弹性。

高校学生资助育人工作的微观目标之一在于向家庭经济困难学生提供经济资助，提高其向上流动所需的知识、技能、素养，获得并强化核心竞争力优势，拓展社会资源，步入职场，获取体面工作，成为具有稳定经济来源的社会成员，投身于社会主义现代化建设事业，并从中受益。通过在职培训、职业晋升、社会交往及劳动力市场合理流动，获得更好的职业层次和更高的社会地位，实现向上流动。

三、实现可持续发展

党的十九大报告指出："中国特色社会主义进入新时代，我国社会主要矛盾已经转化为人民日益增长的美好生活需要和不平衡不充分的发展之间的矛盾。我国稳定解决了十几亿人的温饱问题，总体上实现小康，不久将全面建成小康社会，人民美好生活需要日益广泛，不仅对物质文化生活提出了更高要求，而且在民主、法治、公平、正义、安全、环境等方面的要求日益增长。同时，我国社会生产力水平总体上显著提高，社会生产能力在很多方面进入世界前列，更加突出的问题是发展不平衡不充分，这已经成为满足人民日益增长的美好生活需要的主要制约因素。"① 由此可见，中国人民的美好生活应该呈现这样一种状态：人的各种需求得到极大的满足，不仅对物质文化生活的更高要求得到了满足，而且在民主、法治、公平、正义、安全、环境等方面的要求也得到了满足。随着我国经济发展水平、科技发展水平、文化和人民受教育程度不断提高，中国特色社会主义进入新时代，人们的需求层次结构不断提高，生理需求和安全需求等低级需求占主导的人数比例逐渐减少，而社交需求、尊重需求和自我实现需求等高

---

① 习近平在中国共产党第十九次全国代表大会上的报告［EB/OL］. (2017 - 10 - 28)［2019 - 06 - 01］. http://cpc. people. com. cn/n1/2017/1028/c64094 - 29613660. html.

级需求占主导的人数比例逐渐增加，其中越来越多的家庭经济困难学生注入高级需求占主导的群体中。

根据马斯洛的需求理论分析可知，家庭经济困难学生在人生各阶段都有生理需求、安全需求、社交需求、尊重需求和自我实现需求五大类的需求。虽然各种需求有高低层次之分，但是高层次需求和低层次需求可以同时存在、相互依赖、重叠及转化。高层次需求得以发展的同时，低层次需求依然存在；高层次需求得以满足的同时，低层次需求仍需满足。每一时期占支配地位的需求对个体行为起决定作用，占非支配地位的需求对个体行为的影响程度则较少。

从需求结构看，不同时期家庭经济困难学生的主导需求不同。求学时期，家庭经济困难学生具有强烈的教育公平需求及社会交往需求等；社会工作时期，更顺利的就业、更广泛的社会资源、更稳定的收入、更高的社会地位等社交需求、尊重需求及自我实现需求则成为家庭经济困难学生的主导需求。从需求层次发展看，随着个人生涯的发展，家庭经济困难学生的需求层次不断提高。例如，从能上一般大学变为想上一流大学；从获得扶贫帮助变为获得扶智、扶志支持；从能就业变为想实现高层次就业；从原生家庭脱贫变为阻断贫困代际传递；在具有物质文化生活更高需求的同时，还在意民主、法治、公平、正义、安全、环境等方面的需求。从需求与需求满足的相互关系看，当家庭经济困难学生较低层次的需求基本被满足之后，他们就会追求较高层次的需求，然后满足更高层次的需求。家庭经济困难学生需求多样化、个性化、高级化、动态化的发展趋势，要求高校进行学生资助育人的供给侧改革，从保障型资助转变为发展型资助，深化学生资助育人工作，实现家庭经济困难学生可持续发展。

高校学生资助育人工作的微观目标之一在于实现学生资助育人的供求平衡，满足家庭经济困难学生的各种需求。满足学习需求，为其提供公平的教育机会；满足成长需求，培养其成为积极向上、勇于砥砺奋斗、担当中华民族伟大复兴大任的时代新人；满足就业需求，帮助其练就过硬本领，协助其获得谋生能力和手段；满足终身发展需求，增加其社会交往能力，提高其社会地位和影响力；满足终身幸福生活需求，积极推动其过上美好、幸福的生活。具体来看，关注生理需求、安全需求和社交需求等低级需求，要通过直接经济赞助、资助队伍建设、校园文化营造等外力手段加以满足；而对于尊重需求和自我实现需求等高级需求，要深化高校资助育人工作内涵，突出育人功能，将外部助力转化为家庭经济困难学生的内在动力，提高其核心竞争力，通过思维方式及方法论修炼、价值观培养、创新精神塑造、职业习惯养成等实现其情商与智商协调发展；既关注家庭经济困难学生的学生资助与短期表现互动关系，又注重学生资助育人对其长期发展的影响，评估学生资助育人的宏观成效和微观收益，立策施策，实现家庭经济困难学生的可持续发展。

第三章 广东高校资助育人内容

高校学生资助育人是保障教育公平的重要举措,是促进学生成长成才的重要手段,是新时代广东高校学生资助工作的新使命。面对新时代、新使命、新任务,广东高校要想更好地做好资助育人工作,首要任务是要科学界定和深刻理解资助育人的内容。教育部部长陈宝生同志曾指出:"学生资助必须坚持育人导向,将育人作为资助工作的出发点和落脚点,构建物质帮助、道德浸润、能力拓展、精神激励有效融合的长效机制,形成'解困—育人—成才—回馈'的良性循环。"① 这为广东高校开展资助育人工作指明了方向和提出了要求,广东高校认真贯彻落实国家相关政策,不断探索具有广东特色的高校资助育人内容。

第一节 资助育人内容概述

党和政府历来高度重视学生资助工作,相继出台各项资助政策和措施,进一步建立健全学生资助体系,学生资助内涵不断丰富发展。在此背景下,广东高校认真贯彻落实国家和广东省学生资助政策,认真做好资助育人工作,结合实际,不断丰富和发展资助育人内容。

---

① 陈宝生. 进一步加强学生资助工作 [N]. 人民日报,2018-03-01 (13).

一、资助育人内容举隅

关于资助育人，本书第一章进行了详细论述，认为资助育人的内涵应当在传统资助工作的基础上进行拓展，更加重视对学生的教育引导。同样，具体到资助育人的内容，笔者认为仍应借鉴资助育人的内涵进行阐述。简而言之，资助育人的内容应该包括"资助"和"育人"两部分，但这两部分不是孤立存在的，而是相辅相成的。诚然，资助育人是一项复杂的系统工程，其内容必然也比较复杂，难以穷举。但是，为了更好地认识资助育人的内容，笔者采用举隅方式，列举一些主要内容。

（一）国家奖助学金

国家奖助学金是层次较高、覆盖面较广的学生资助项目，是高校资助育人的重要部分。在本专科生层面，设有国家奖学金、国家励志奖学金和国家助学金；在研究生层面，设有国家奖学金、学业奖学金和国家助学金。国家奖助学金在广东高校的设立，体现了党和政府对广东省广大家庭经济困难学生的关心，极大推进了广东高校资助育人内容的丰富发展。

（二）国家助学贷款

国家助学贷款是高校资助育人政策体系的一项重要内容，资助覆盖广，资助力度大。2016年，广东省教育厅联合国家开发银行股份有限公司广东省分行印发《关于全面推进我省生源地信用助学贷款工作的通知》，明确部署从2017年开始在全省各地市全面开展生源地信用助学贷款工作，并将办理对象由考入省外高校的学生扩大到考取省内和省外高校的学生，从而实现了生源地信用助学贷款办理区域和办理对象的全覆盖，以及大学生助学贷款需求的全覆盖。贷款类型包括校园地助学贷款和生源地信用助学贷款。贷款对象包括家庭经济困难的普通高校全日制本专科生。[1] 大学新生和在校生可在入学前向户籍所在地县级学生资助管理部门申请生源地信用助学贷款，也可以在入学后向就读高校申请校园地助学贷款。

---

[1] 广东省教育厅.广东省学生资助政策简介（2018）[EB/OL]．(2018-06-28)[2019-06-01]. http://xsc.dgut.edu.cn/xszz/xxgg/1ch262vq63cch.xhtml.

(三) 家庭经济困难大学新生资助

家庭经济困难大学新生的资助对象为广东省当年考入全日制普通高等学校的家庭经济困难大学本专科新生。资助标准按省级人民政府制定的学费标准，最高不超过每人每学年 6 000 元，学费标准低于每人每学年 6 000 元的，按实际应缴纳学费金额进行资助。进入广东省内高校的新生开学时向学校申请资助，进入广东省外高校的新生向户籍所在地县级教育部门申请资助。① 新生资助为一次性资助，从二年级起，按国家的高校学生资助政策对家庭经济困难学生进行资助。获得新生资助的学生，在同一时间段内，原则上不再享受省财政设立的其他专项资助。该政策的实施有利于切实解决广东省生源家庭经济困难大学新生入学就读问题，保障各地各高校家庭经济困难大学新生按时顺利入学。

(四) 广东省少数民族聚居区少数民族大学生资助

广东省少数民族聚居区少数民族大学生资助政策的出台，确保了当地少数民族大学生和少数民族地区大学生接受高等教育的权利。2013 年，广东省人民政府办公厅出台《关于加大力度资助我省少数民族聚居区少数民族大学生上大学的通知》，进一步完善少数民族地区高校资助育人政策。该通知指出，户籍在广东省少数民族聚居区且小学阶段和初中阶段都在少数民族聚居区中小学就读，并在 2013 年及以后通过普通高考，进入全日制高校的少数民族本专科大学生，可在本科专科就读期间获得资助。符合以上条件的少数民族大学生向入学前户籍所在地县级民族工作部门提出申请。② 该资助有利于保障省内少数民族聚居区少数民族大学生的利益。

(五) 南粤扶残助学工程

为推动广东省残疾人教育事业的发展，进一步保障残疾人受教育权利，帮助和激励更多残疾人大学生顺利完成高等教育，"南粤扶残助学工程"由广东省残疾人联合会安排设立专项资金，该助学金的资助对象是具有广东省户籍并持有第二代残疾证的新入学残疾人大学生，包括当年度全日制普通高等学校的新入学全日制残疾人本专科生和纳入国家招生计划的新入学

---

①② 广东省教育厅. 广东省学生资助政策简介 (2018) [EB/OL]. (2018 - 06 - 28) [2019 - 06 - 01]. http://xsc.dgut.edu.cn/xszz/xxgg/1ch262vq63cch.xhtml.

全日制残疾人研究生（含硕士研究生、博士研究生，有固定工资收入的除外）。助学金发放标准为专科生每人一次性资助 10 000 元，本科生每人一次性资助 15 000 元，硕士研究生每人一次性资助 20 000 元，博士研究生每人一次性资助 30 000 元。① 助学金主要用于资助对象在就读期间的学费、住宿费、生活费及其他救助。值得一提的是，获得本项目资助的残疾人大学生，还可重复享受其他教育资助。

（六）学费补偿和国家助学贷款代偿政策

1. 高校学生应征入伍服兵役学费补偿和国家助学贷款代偿及退役复学后学费减免政策

国家补偿应征入伍服兵役的大学生在校期间缴纳的学费，代偿在高校期间获得国家助学贷款（含校园地助学贷款和生源地信用助学贷款），减免退役后复学的原高校大学生的学费。② 对应征入伍服兵役的高校学生实施教育资助，不仅极大地提高了学生参军报国的爱国热情，而且减轻了服兵役学生的教育经济压力，对推进国防和军队现代化建设具有重要意义。

2. 国家退役士兵教育资助政策

资助对象是符合以下条件的退役士兵：退役一年以上，考入全日制普通高等学校（包括全日制本科学校、全日制普通高等专科学校和全日制普通高等职业学校），并自主就业。

3. 广东省退役士兵就读高职院校资助政策

资助对象是复学或通过技能考试考入广东省高等职业院校的、生源地为广东欠发达地区的退役士兵。③ 高职院校在培养高技能人才和缓解当前就业压力方面发挥着不可或缺的作用，广东努力推进省内退役士兵就读高职院校资助政策的出台和实施，既有助于为退役士兵提供受教育的机会，又有助于国家培养相关人才服务社会。

---

① 广东省教育厅. 关于帮助未申请"南粤扶残助学工程"助学金的残疾大学生补办申请手续的通知［EB/OL］.（2018-04-11）［2019-06-01］. http://zwgk.gd.gov.cn/006940116/201804/t20180423_761842.html.

②③ 广东省教育厅. 广东省学生资助政策简介（2018）［EB/OL］.（2018-06-28）［2019-06-01］. http://xsc.dgut.edu.cn/xszz/xxgg/1ch262vq63cch.xhtml.

4. "三支一扶"助学贷款代偿

高校毕业生在农村基层从事支教、支农、支医和扶贫工作,服务期满并通过考核,继续在经济欠发达地区基层工作满1年,可申请代偿其在校学习期间的国家助学贷款本息。

(七) 学校资助政策

1. "绿色通道"

家庭经济困难、无法正常缴纳学费的新生,被全日制普通高校录取后,一律首先办理入学手续进行报到注册,经过调查核实情况,有针对性地采取不同办法给予资助。① 其中,以国家助学贷款、国家励志奖学金解决缴纳学费、住宿费等困难;以国家助学金、以勤工助学解决日常生活费用的困难。

2. 勤工助学

2016年,广东省教育厅与省财政厅联合下发《关于进一步加强高校学生资助经费管理的通知》,要求从2016年9月1日起,将广东省高校校内勤工助学临时岗位原每小时8元的薪酬标准提高至每小时不低于12元,并鼓励有条件的高校适当上调标准(广州、深圳地区高校不低于18.30元,珠海、佛山、东莞、中山地区高校不低于14.40元,汕头、惠州、江门、肇庆地区高校不低于13.30元)。② 勤工助学是高校资助育人的重要物质保障和政策之一,对实现大学生的全面发展和培养大学生艰苦奋斗、自立自强、创新意识具有重要意义。

3. 学费减免

享受减免学费政策的对象为全日制公办普通高校中家庭经济特别困难、难以缴纳学费的学生,尤其是其中的孤残学生、少数民族学生及烈士子女、优抚家庭子女等。③ 高校根据实际情况,详细制订具体办法。

4. "助梦扬帆"海外研学资助

强化资助育人理念,构建资助育人质量体系,把"立德树人"根本任

---

①③ 广东省教育厅. 广东省学生资助政策简介(2018)[EB/OL]. (2018-06-28)[2019-06-01]. http://xsc.dgut.edu.cn/xszz/xxgg/1ch262vq63cch.xhtml.

② 广东省教育厅,广东省学生资助发展研究课题组. 广东省学生资助十年发展研究报告(2007—2016年)[M]. 广州:中山大学出版社,2017:28.

务融入学生资助工作全过程,是当前学生资助工作的重点。通过资助省内高校家庭经济困难优秀大学生海外研学,让学生获得平等、多样、优质的学习教育机会,增强爱国主义和"中国梦"教育,拓展他们的眼界,丰富他们的学习阅历,提升他们的综合素质,让他们成为具有国际视野、家国情怀的栋梁之材。

5. 其他资助政策

广东高校用于表彰和资助本校大学生的奖学金、助学金,其主要来源是高校事业收入以及社会组织和个人的捐赠。以华南师范大学为例,除了贯彻落实广东省现行高等教育阶段资助育人政策外,还积极探索"资助育人"的新方式,努力运用"资助育人"新载体,逐步构筑起全过程、全方位育人的学生资助工作新格局,建立了"奖、助、贷、勤、减、补、绿色通道"多元化资助体系;学生资助发展内涵更加丰富,包括各类学校奖学金、助学金等。例如,旨在引导学生增强创新意识、提高学生课外科技学术水平的学生创新奖;为发挥优秀毕业生的榜样作用,树立先进典型示范,激励在校学生志存高远、刻苦学习、积极进取、立志成才,争做全面发展的大学生而设立的毕业生荣誉奖学金,每年奖励100人,华南师范大学对获得毕业生荣誉奖学金的个人授予"华南师范大学优秀毕业生"荣誉称号,并奖励奖学金3 000元;助学金方面,为激励少数民族学生艰苦奋斗、勤奋学习、求实创新、全面发展,华南师范大学设立"雪莲助学金";为有效实施和推进教育国际化战略,培育具有国际视野和国际一流水平竞争力的高素质人才,实现学校教育国际化,华南师范大学设立本科生出国学习奖助学金,资助金额10 000~50 000元不等;为响应国家发展战略,鼓励应届毕业生或在校学生毕业后到国家急需的地区建功立业,引导广大学生把个人成长成才与国家建设发展紧密结合起来,整合、优化"西部(山区)计划""三支一扶"等项目的资助措施,华南师范大学设立"启航助学金";华南师范大学将家庭经济困难新生减免学费调整为新生专项助学金,并向困难学生提供临时困难补助;华南师范大学还设立了烛光助学金、仲明助学金、新长城助学金等各类校内特色助学金,每人每年资助金额2 000~5 000元不等。

广东各地教育部门因地制宜完善地区高校学生资助育人政策。例如，东莞市通过《教育基金会资助困难家庭子女读书方案》，对东莞户籍困难家庭学生给予资助，并对大学生开通生源地信用助学贷款；中山市开展"大学通"助学计划，为困难家庭子女读大学提供"生源地信用助学贷款"和"助学金"资助。此外，各地还因地制宜充分调动社会力量开展对家庭经济困难学生进行资助。

（八）高校发展型资助项目

各高校围绕"立德树人"根本任务，着眼于学生的发展需求，探索实施了一批发展型资助育人项目。例如，华南师范大学的"榜样华师""青云计划""鸿鹄行""自强社"等项目、广东技术师范大学的"冬日阳光"系列活动、广东交通职业技术学院的"诚信标兵"、广州城市职业学院与广东人民广播电台联合策划感恩励志教育公益品牌活动"梦想激励人生"等，进一步丰富和发展了高校资助育人工作。

二、资助育人内容特点

尽管广东高校资助育人内容丰富，难以穷举，但其发展有一定的特点。笔者从资助育人内容的主体、结构、形式等分析得出，广东高校资助育人具有政府主导与多方参与相结合、经济资助与发展援助相结合、目标导向与过程浸润相结合的特点。

（一）政府主导与多方参与相结合

高校学生资助政策体系是资助育人的基础内容，推动了学生资助育人内容的不断丰富发展。从高校学生资助政策的历史和现实分析，政府是最大的资助实体，始终处于主导地位。特别是1952—1983年，我国实施人民助学金制度，政府解决大学生生活上的后顾之忧。2007年以来，国家实施新的资助政策，持续加大财政投入，并对国家、地方和高校的经费投入做了明确规定，规定高校每年都要从高校事业收入中足额提取5%的经费，用于校内奖助学金、国家助学贷款风险补偿、勤工俭学、校内无息贷款、学费减免和特殊困难补助等资助项目。① 可见，政府和高校已成为高校学生资助政策的主体，在高校资助育人工作中发挥了重要作用。近年来，在政府的动员引导和高校的拓展下，社会各界力量积极捐资助学，通过创设不同类型的奖助学金项目对高校家庭经济困难学生进行资助，如广东省设立"广东扶贫日"，鼓励社会捐款助学，推动家庭经济困难学生资助主体多元化局面的形成，资助主体逐步实现政府主导和多方参与。

（二）经济资助与发展援助相结合

一直以来，传统高校学生资助工作主要以奖学金、助学金、国家助学贷款、勤工助学、学费减免、困难补助、绿色通道等为主导，主要目的在于通过经济资助确保"不让一个学生因家庭经济困难而失学"。2007年国家实施新资助政策，特别是党的十八大以来，广东高校不断强化"扶志""扶智"意识，开展励志教育和社会责任感教育，激励广大家庭经济困难学子以优异成绩报效祖国和社会；开展智力创业、就业培训帮扶等活动，实现"授人以渔"，帮助家庭经济困难学生在实践中锻炼能力，积累才干，用自己的劳动创造财富。例如，华南师范大学实施的"青云计划"，以发展型资助为导向，使家庭经济困难学子在责任承担与平台锻炼中成长，有效开发学生自身潜能和提升综合素质，助力受助学生更加稳健地成长和发展，从而发展出最具持续性和生命力的助学策略；广东技术师范大学以"圆梦助学金"为依托开展了连续跟进10年的"生涯引领"职业发展实验班，以家庭经济困难学生为本，以校友资源为基础，以生涯引领为重点，从新生入学开始实施家庭经济困难学生的"生涯引领"计划，帮助家庭经济困难学生了解行业、熟悉职场，挖掘自身潜力，科学定位职业发展方向，让家庭经济困难学生能够有效地进行道德管理、情感管理、压力管理、健康管理、时间管理和习惯管理，促进经济困难学生自强自立，成长成才。可见，广东高校学生资助政策体系具有由经济帮扶主导逐步向"扶志""扶智"发展

---

① 广东省人民政府. 广东省人民政府关于建立健全广东省普通高校和中等职业学校家庭经济困难学生资助政策体系的实施意见［EB/OL］. (2007 - 11 - 22)［2019 - 06 - 01］. http://www.chinalawedu.com/falvfagui/fg22598/253516.shtml.

的政策特性，全力服务于"资助育人、立德树人"的资助目标。①

（三）目标导向与过程浸润相结合

教育部部长陈宝生同志指出："立德树人是教育工作的根本任务，也是学生资助工作的根本任务。学生资助的最终目的在于帮助家庭经济困难学生成长成才，使他们共同享有人生出彩的机会，共同享有梦想成真的机会，共同享有同祖国和时代一起成长和进步的机会。"② 在这一目的指引下，广东高校资助育人工作通过丰富的内容体系，使各部分内容充分发挥目标导向作用，不断引导着学生成长成才。其中，奖学金旨在奖励品学兼优的学生，激励他们努力学习、奋发向上；助学金、国家助学贷款等旨在资助家庭经济困难学生，帮助他们顺利完成学业。同时，广东高校资助育人工作还注重励志典型的挖掘和培育，充分发挥优秀学生榜样示范作用，通过开展"国家资助，助我飞翔""国家奖学金获奖学生代表名录""榜样华师""星耀工大"等活动，让学生在切身体验中受到教育，增强资助育人工作的导向性和感染力。此外，广东高校重视资助育人工作的过程浸润环节，把社会主义核心价值观融入资助育人全过程。广东高校在奖学金评选发放环节，培养学生争先创优的奋斗精神；在国家助学金申请发放环节，深入开展励志教育和感恩教育；在国家助学贷款办理过程中，深入开展诚信教育和金融常识教育；在勤工助学活动开展环节，着力培养学生的劳动意识和自强自立精神；在基层就业、应征入伍学费补偿贷款代偿等工作环节中，培育学生树立正确的成才观、就业观和价值观。③

第二节 资助育人内容拓展现状与制约因素

对照新时期广东高校资助育人新要求、新任务，广东资助育人工作需继续坚持在党的领导下，完成助困育人、立德树人、教育公平、共享发展的核心任务。纵观近年广东高校资助育人发展，这项工作仍存在一些制约因素。

---

① 广东省教育厅，广东省学生资助发展研究课题组. 广东省学生资助十年发展研究报告（2007－2016年）［M］. 广州：中山大学出版社，2017：75.

②③ 陈宝生. 进一步加强学生资助工作［N］. 人民日报，2008－03－01（13）.

一、资助育人内容拓展现状

在经济型资助向发展型资助转变的背景下,广东高校资助育人内容不断丰富发展。但因高校情况各异,一些高校在拓展资助育人内容时存在一些不足。一是重资助,轻育人。近年来,随着国家学生资助政策体系的完善,高校学生资助工作呈现出业务量成倍增长、业务种类持续增多、工作难度日益增加的特点。然而,高校学生资助中心人员编制少,院系辅导员事务性工作较多,使得高校相关的资助工作人员无暇将育人工作落实、落细,"两眼一睁,忙到熄灯""白加黑,5+2"成了资助工作人员的真实写照。二是重形式,轻内容。有些高校标榜落实资助育人工作,实际上是为彰显工作形式而工作,为追求工作效应而工作,很多都是短期的、形式性的,并没有从资助育人的发展规律出发,立足长远,形成资助育人长效机制,系统性地实施资助育人。这样功利化的育人活动,其效果主要体现在报表材料和工作汇报,不但没有达到应有的育人实效,而且阻碍了原有的资助工作。三是重结果,轻过程。在当前资助育人备受关注和重视下,高校非常重视资助育人结果,甚至出现了资助育人万能的思想倾向,对资助育人寄予了无限美好的期待或者理想,在工作中出现急功近利的做法,忽视了资助工作过程中的教育环节,与真正的"资助育人"还有不小的距离。

二、资助育人内容拓展制约因素

从前文分析可知,对照新时代广东高校资助育人新要求、新任务,广东高校资助育人内容仍存在一些不足。这些不足是由很多因素综合造成的,笔者难以一一列举分析,本节仅结合工作经验和实际调研情况进行原因分析。

(一)资助育人政策体系尚需完善

2007年国家实施新的资助政策以来,现有资助政策体系不断完善和丰富,在确保"不让一个学生因家庭经济困难而失学"目标的实现中发挥了重要作用。随着社会经济形势发展以及大学生需求的不断变化,现有高校资助政策体系仍有进一步完善的空间。一方面,部分高校学生资助育人政策内容已不适应当前高等教育事业发展形势和基层工作实际,学生资助育人制度缺乏配套实施细则或操作办法,资助育人政策和制度亟待结合当前经济社会与高等教育发展需求进行修订完善。另一方面,随着全省全面推进小康社会建设,在精准扶贫、保障民生等措施并举实施的形势下,广东高校资助育人现阶段仍关注助困,而以"奖优""酬勤""育人"为目的的措施稍显不足,资助育人政策的内涵和内容有待进一步深化。

(二) 资助育人管理监督尚待加强

高校资助育人工作水平不断提升,需要依靠规范有效的管理监督体系。但是,目前广东高校资助育人工作管理监督仍存在一些不足,体现在个别高校、部门没有做到以高要求开展自身工作。例如,对于国家奖学金工作,教育部要求每年10月底报送各省初评结果,但几乎每年都有高校不按时报送,影响广东省以至全国的评审时间。根据近几年广东省审计厅对高校的审计情况,各高校报送的总结和资助数据,以及前段时间省教育厅对高校的巡察情况,高校学生资助经费的提取和使用情况确实不理想,部分学校未能按照相应的比例提取事业收入用于高校学生资助育人工作,社会资助也比较薄弱。①主要有4方面原因导致这些问题的出现。一是责任不够明确,学校的责任如何落实,需要进一步细化;二是政策执行力度不足;三是监督管理松懈,没有将该管的管起来;四是制度机制失灵,有些管理办法过时,有些监管方式落后等。这些现象的存在,将会严重影响下一步精准资助工作的深化,必须想办法出台措施,坚决杜绝以上现象。

(三) 资助育人实施精准度仍待提高

高校资助育人顺利开展的第一步工作是了解家庭经济困难学生人口的基本情况,高校学生资助育人的基础是甄别大学生家庭经济的困难程度。目前,广东各高校一般把大学生划分为一般经济家庭困难家庭和特别经济困难家庭,并分别对这两类家庭学子分成两档进行不同额度的资助。但这两档之间的界限并不是十分清晰,对于广东高校来说,精准界定这两类家

---

① 来源于广东省教育厅助学办主任薛彪于2017年3月21日发表的《精准施助 精细管理 精心服务 不断提升高校学生资助水平——在2017年全省高校学生资助工作会议上的讲话》。

庭学子在认定操作过程中的可行性较低。广东省家庭经济困难学生的认定基础薄弱，导致目前未能精准掌握家庭经济困难学生的基数，仍需进一步明确和细化。因不同地区的经济发展程度、不同高校的实际情况、不同时期大学生的家庭情况差异较大，目前广东高校资助育人政策对家庭经济困难学生的界定只是一个范围，未能精确涵盖到有需要的广东高校学生。各高校在把握广东确定的标准上力度不一，认定基础信息真实性、认定标准合理性、认定程序科学性、认定监督机制也存在进一步的完善空间，从而影响广东高校资助育人精准资助的实施效果。

与此同时，广东高校家庭经济困难学生的基础信息大数据库建设迫在眉睫。"互联网时代""大数据时代"已成为社会进步和发展的趋势，广东省需进一步扩大互联网技术优势，进一步创新高校资助育人工作载体，切实将高校资助对象资格审核、资料收集等复杂的工作简单化，简单的工作标准化，标准的工作流程化，流程的工作定量化。而目前广东各高校资助育人工作人员的工作量有增无减，工作效率有待提高。

（四）资助育人信息化建设有待提升

高校学生资助育人工作涉及大量高校大学生个人信息和各项国家、校内资助类奖助学金的申请、审核、评审等流程，纯纸质化的人工作业方式和电子表格统计的作业方式不能满足广东高校学生资助育人工作日益发展的要求。近年来，广东省开发适合省内高校资助育人工作实际需求的功能模块，完善全省高校资助育人信息管理的建设，各地各高校学生资助育人工作信息化建设都有不同程度的进展，但有些部门、地区设置了相对独立的信息系统，未能与全省统一的高校学生资助育人信息平台实现有效对接。目前，仍亟待合理利用网络信息技术规范工作流程和标准，创新高校资助育人工作机制、运作和管理模式。若各地区教育部门、高校资助信息不全面、不清楚、不统一、不连贯，将无法适应今后高校精准资助育人的要求。高校学生资助育人信息化建设要求各地对资助育人工作者进行不同程度的培训，提高其业务水平和操作水平。

第三节 资助育人内容拓展途径

党的十九大对新时代、新征程上的教育发展提出了新要求，也对高校资助育人工作提出了新目标。高校资助育人是保障高等教育公平、提升高等教育发展共享水平、打赢高等教育脱贫攻坚战的重要工作。近年来，学生资助的内涵和外延不断拓展，由狭义的学生资助即保障型资助转向广义的学生资助即发展型资助，其内容包括经济资助、心理疏导、学业指导、价值引领、能力提升等诸多方面。高校资助工作在完成对家庭经济困难学生经济资助的同时，更要注重深层地拓展，要把家庭经济困难学生的成长置于重要的位置，要强化资助的育人功能，将经济资助和思想教育、学业提升、生涯发展、心理辅导、素质培养等紧密结合起来。这些新要求都是广东高校资助育人现阶段及未来仍需加强和努力的重要方向。

广东高校在党和国家的领导下，落实《高校思想政治工作质量提升工程实施纲要》，深化资助育人理念，不断完善和发展高校资助育人内容，不断提高高等教育资助育人水平，构建资助育人质量提升体系，将立德树人与人人成才的教育目标融入高校资助育人工作全过程，促使家庭经济困难学生树立社会主义核心价值观，培养他们的创新精神和实践能力，做好励志教育、诚信教育、感恩教育和社会责任感教育。本节将从培育和践行社会主义核心价值观、培养创新精神和实践能力以及做好励志教育、诚信教育、社会责任感教育三个方面来论述广东高校资助育人内容新发展。

一、"一个核心"：培育和践行社会主义核心价值观

2013年12月，中共中央办公厅印发的《关于培育和践行社会主义核心价值观的意见》指出，要把培育和践行社会主义核心价值观融入国民教育全过程。[①] 2014年，习近平总书记在第二十三次全国高等学校党的建设工作会议上，明确要求把社会主义核心价值观融入高校立德树人的全过程中。

---

① 中共中央办公厅印发《关于培育和践行社会主义核心价值观的意见》[N]. 人民日报，2013-12-24（2）.

新时代资助人是高校思想政治教育工作的重要途径，其资助的对象与方式都发生了变化，在高校思想政治教育的过程中，将社会主义核心价值观作为思想武器，在指引家庭经济困难学生自身健康成长以及树立正确的三观等方面有毋庸置疑的意义。党和政府高度重视社会主义核心价值观在高等教育中的作用，并为高校资助育人工作指引发展方向和提供现实基础。高校资助育人工作是大学生思想政治教育的重要环节，是国民教育的重要组成部分。① 关怀高校大学生中的家庭经济困难学生群体是高校育人工作的重中之重，而当前广东高校资助育人工作仍然存在资助与育人两者不相匹配的现象，虽然在物质资助上取得了较好的成效，但资助育人工作还没形成科学的系统。发挥社会主义核心价值观作用，使其指导广东高校资助育人工作，有着重要的现实意义。目前，广东高校紧跟党和国家的新要求，努力把培育和践行社会主义核心价值观与资助育人工作结合起来，推动资助育人工作的长足发展。

（一）核心价值观内化于心，外化于行

传统资助育人工作只是停留在经济资助层面，对于学生的能力培养和价值塑造等关注较少，社会主义核心价值观教育的根本目的是将社会主义核心价值观提倡的价值准则内化成大学生自觉遵守的行为准则。②

首先，广东高校在资助育人工作过程中注重培养家庭经济困难学生的爱国情怀和感恩意识。例如，华南师范大学坚持资助与育人的有机结合，将思想政治教育寓于资助工作中，在学生中开展了一系列以爱国主义为主题的教育活动，打造"与信仰对话"人文科技一百讲、青春演播厅等系列活动，以及组织学生参与党的十九大宣讲团，其内容丰富、方法创新、措施有效，提高了学生的综合素质，开创了人才培养的新局面；星海音乐学院和广州美术学院举办"创意·感恩"学生优秀作品展，在校园里营造感恩社会、学习先进的氛围；广州城市职业学院与广东人民广播电台联合策划感恩励志教育公益品牌活动"梦想激励人生"；等等。

其次，以社会主义核心价值观为重点，指导家庭经济困难学生的诚信

---

①② 王铭，王守刚．社会主义核心价值观视域下的高校资助育人工作探究［J］．黑龙江教育（高教研究与评估），2016（6）：56-58．

教育。广东高校切实发挥思想政治教育的作用，开设核心价值观教育课程，配合第二课堂，开展各种类型的社会实践，通过广泛的宣传与教育动员，在具体实施中融入诚信教育，切实提高家庭经济困难学生的诚信意识。广东交通职业技术学院开展"诚信标兵"评比。星海音乐学院和广州美术学院发挥学生艺术特长，开展诚信歌曲创作大赛。南方医科大学重点开展"与爱同行"感恩教育及"我的中国梦——立志、修身、博学、报国"系列主题教育活动，强化受助学生的感恩意识和社会责任感；在毕业生离校之际，开展"毕业生诚信还贷"等主题教育活动，最大限度地避免贷款学生因缺乏常识和意识不到位而发生的违约行为；充分发挥受资助优秀学生的励志作用，通过他们的典型事例，激励广大学生奋发向上。

最后，培养家庭经济困难学生自强不息的精神和能力。广东高校通过大力宣传教育，引导家庭经济困难学生通过自己的奋斗，走出困境，增强信心，通过勤工助学、创新创业等方式，培养家庭经济困难学生自强不息的精神和能力，推动青年践行社会主义核心价值观。华南师范大学打造"情暖华师"工程，从入学发放"生活启动金"、减免学费、新生专项资助，到"就业困难帮扶"贯穿大学始终；从春节留校慰问到入冬送棉被贯穿四季；针对困难学生的个性与特点，帮助他们制订财务规划、学业规划、成才计划、爱心计划；通过提供勤工助学岗位、搭建学习培训平台、创设社会实践平台、开展急难救助机制、开展"自强之星"评选等多种方式让经济困难学生有机会、有平台发挥与展现自我，自立自强、奋发向上、健康成长。此外，还有创办于2019年的"榜样华师"工程。华南师范大学通过举办"榜样华师——学生表彰大会暨颁奖典礼"，以视频播放和现场访谈的方式，呈现获奖学生的成长历程和先进事迹并进行表彰，让大学生们在鲜活的榜样中接受教育与洗礼，营造了"力争上游、追求卓越"的良好的学习氛围。2018年华南师范大学85周年校庆之际，"榜样华师"还作为华南师范大学建校85周年纪念大会的主题，以"薪火·慷慨·青春"三个篇章，传达华师八十五载岁月中薪火相传的教育情怀、立道行义的家国情怀和社会担当、立足岗位建功立业的青春力量和心系母校感念师恩的温暖记忆。

（二）注重扶贫同"扶志""扶智"相结合

学生工作的本质重在思想引领，资助育人工作作为学生工作中的重要一环，对学生的思想引领发挥着重要作用。① 高校资助育人工作离不开社会主义价值观教育，单纯的扶贫无法发挥明显的作用。近年来，广东切实重视转变高校资助育人工作方式，注重扶贫同"扶志""扶智"有机结合。

1. 高校资助育人队伍努力实现从管理者向教育者转变

在广东高校资助育人工作中，受助大学生除了获得急需的物质支持外，经常得到老师和同学们的关心和慰问，使他们感受到国家、社会、集体的温暖，推动受助大学生努力向上、报效祖国。华南师范大学发挥教师主导作用，推进学生发展工作室建设，成立"家庭经济困难学生发展援助"等7个工作室，围绕学生尤其是家庭经济困难学生能力发展需求，以"课程培训＋项目实践"的运作模式，为他们提供能力提升等方面的辅导和服务。南方医科大学打造"筑梦引航工程"之"爱心护航"行动，着力开展以帮扶家庭经济困难学生为主的系列活动，在提供经济帮助之余，更注重精神关怀和帮扶；学校利用每年寒暑假时间，组织各学院辅导员、学生代表到经济困难学生家庭中进行实地走访；提高学校学生资助工作的有效性、准确性和针对性，确保各项资助政策和措施真正落实到家庭经济困难学生，同时，以实际行动为他们带来精神关怀，进一步提升学生的感恩意识，育人育心；将心理预警与经济资助相结合，通过建立宿舍长—班级心理委员—学院辅导员—校级心理咨询师的心理救助体系、设立"学生意外伤害处理与困难学生心理疾病救助专项经费"、推行全校副处级领导干部"一对一"的结对帮扶活动等措施，为存在心理健康问题的家庭经济困难学生建立健全长效帮扶机制。

2. 促进和发挥自主教育功能

广东高校为家庭经济困难学生提供平台与机会，让学生重视个人自主学习；发挥朋辈教育的作用，积极鼓励家庭经济困难学生参加第二课堂与社会公益活动，培养受助大学生团结互助的精神和品质。华南师范大学推

---

① 王铭，王守刚. 社会主义核心价值观视域下的高校资助育人工作探究［J］. 黑龙江教育（高教研究与评估），2016（6）：56－58.

出"青云计划"资助育人项目，着眼于家庭经济困难学生的能力发展，创新人才培养模式，围绕课程学习、训练营、项目实践、成长评估及考核激励五个模块展开精英式培养、体验式成长，协助青云学员树立自信、提升能力、确认优势及把握未来。广东技术师范大学开展"冬日阳光"系列活动，建立校内综合型公益互助图书社区——"益书屋"。

3. 改进高校资助育人工作机制

广东高校资助育人工作在学生的日常学习和生活中融入社会主义核心价值观内容，使家庭经济困难学生在无形之中认识和感悟社会主义核心价值观，促进受助学生综合素质全面发展，实现"扶智""扶志"。华南师范大学精心打造"四社三班两营一队"（紫荆花社、荷花社、雪莲花社、自强社、卓越班、兼班、青马班、创业先锋训练营、研究生青年领袖训练营、国旗护卫队），指导他们开展以"自强、成长、感恩"为主题的系列活动，引导他们开展公益活动，搭建经济困难学生健康成长的有效载体；重视学生在实践活动中成长，推动资助工作与创新创业、勤工助学、实习实践深度融合，精心打造"华师家教""紫荆书屋""众创空间""顶岗实习"等一批特色鲜明、紧跟时代发展的资助育人实践平台。通过搭建长期有效、帮助大学生成长成才的平台，开展系列教育和实践活动，激发受助大学生优秀品质，鼓励其将理想付诸实践，帮助社会上更多需要帮助的人，引导青年培育和践行社会主义核心价值观。

二、"两项能力"：创新精神和实践能力

"增强学生社会责任感、创新精神、实践能力"是党的十八届三中全会《中共中央关于全面深化改革若干重大问题的决定》对高校培养社会主义事业合格建设者和可靠接班人提出的明确要求。[①] 创新精神是高校学子承担社会责任的重要基础，实践能力是高校学子履行社会责任的关键保障。重视高校人才发展建设，尤其是大学生创新精神与实践能力的培养，有着十分

---

① 司文超. 新时期高校实践育人工作的四个维度［J］. 思想教育研究，2015(6)：81-84.

重要的意义。① 强化创新精神和实践能力"两项能力",提高受助学生就业创业的核心竞争力是当前高校资助育人工作的重要目标。在高校资助育人工作中,资助是手段,育人是目的,通过资助育人使受助学生拥有一定的创新精神和实践能力,从而使学生实现全面发展。广东的资助育人工作在以培育和践行社会主义核心价值观为重点的同时,自觉培养大学生创新精神与实践能力,能够更好地帮助大学生适应社会、创造和积累财富,为家庭、为社会、为国家、为民族做出贡献。

高校资助的主体是具备创新能力的当代大学生,作为青年一代,他们是国家宝贵的人才资源,对他们的资助,不能够仅仅简单停留在物质帮扶上,更应该从精神层面给予指导和帮助。广东各高校重视提高家庭经济困难学生的创新精神和实践能力,因材施教,帮助受助大学生制定和完善自己的人生规划,不断丰富和发展高校资助育人的方式,为家庭经济困难的大学生创造和提供全方面、有针对性的锻炼平台和锻炼机会,使每一个人都有展示自我的平台,关爱每一位受助大学生,努力把所有家庭经济困难学生培养成新时代的青年力量。

(一) 重视激发创新精神

广东高校注重结合课堂教育与创业创新教育,不再仅仅关注学生课堂上的知识讲授,进一步注重培养大学生创新创业精神和意识,对受助大学生开展个性化培养,通过开设各类项目,提供平台和机会,进一步推动受助大学生个性化发展、创新思考的能力。

华南师范大学自2016年开设创新创业先锋训练营,采用校内校外双导师、理论与实际双结合、创新与创业双导向模式,选拔学生进行从零到一、从一到百的创新创业理论积淀,走出课堂,走入社会,历经企业实习、任务导向、参观考察,开展系统的创业训练。学校连续九年举办研究生青年领袖训练营,采取"整体规划、阶梯培养、动态管理、分级评价"的培养模式提升研究生的综合能力。

华南农业大学面向校内家庭经济困难学生开展"竹铭计划"励志强能

---

① 刘鹏. 大学生创新精神与实践能力的培养[J]. 亚太教育,2015(33):256.

工程，秉承"授人以鱼，不如授人以渔"的理念，坚持"树信心、长技能、强素质"的育人思路，开设心理素质与潜力开发、文化艺术与人文修养、科技创新与职业技能训练3个模块共10余门课程。此外，为进一步拓宽经济困难学生视野，学校拨专项经费用于资助优秀经济困难学生参加暑期出国研修项目，推动激发学生创新意识与精神。[①] 华南农业大学将"落实立德树人根本任务"和"推进教育公平"融入学生资助工作的全过程，构建资助育人质量提升体系，强化资助育人效果。

广东技术师范大学打造"梦想创新园"育人项目，"梦想创新园"是一个"意识培养、体验感悟、实践创新"三位一体的创新服务育人平台，通过组织学生参加名师面对面、企业精英论坛和朋辈分享会、参观学生课外科技成果展、企业之旅、创意活动、走进企业体验创新成果等实践活动，启迪家庭经济困难学生的创新思维，使家庭经济困难学生探索有窗口，学习有氛围，交流有渠道，锻炼有舞台，成长有空间。

（二）重视培养实践能力

目前，大学生的动手能力和实践技能整体仍较为欠缺，提高大学生实践能力是今后提高人才培养质量的一个切入点和突破口。[②] 广东高校大力推进校企合作，主动与校外单位和企业接洽联系，寻求合作，建立校外实践、见习基地，探索人才培养的新模式，同时，支持受助大学生广泛参加社会调研、创新创业等活动。[③] 广东高校致力于为受助大学生提供更多的校外实践平台和机会，推动家庭经济困难学生实践能力的提升。

华南农业大学的"竹铭书屋"是学生勤工助学和创新创业实践的公益性平台，由学校提供场地支持和前期的硬件建设投入，由以经济困难学生为主体的学生团队自主运营管理。书屋倡导公益性，引导学生在公益创业中实践所学，服务社会，养成自立自强的品质。书屋还开展了"竹铭书屋·悦读时光"读书分享会、书画练习、棋艺交流等丰富的线上线下活动，

---

① 韩丽. 需要与增权：贫困大学生帮扶机制的创新——以华南农业大学为例 [J]. 中国成人教育，2014（4）：35-37.
② 沈晓明. 加强学生资助 助力脱贫攻坚 [N]. 人民日报，2017-02-24（13）.
③ 杨娇. 高校资助育人工作存在的问题及建议 [J]. 西部素质教育，2017（6）：26.

不仅锻炼了学生的经营管理实战能力，培养了学生的感恩意识和志愿服务精神，还在营造学生社区的文化艺术氛围方面发挥了突出的作用。2016年，竹铭书屋获得了"星巴克青年领导力发展项目"和"中国石油·公益未来成才基金项目"2个立项资助。广东工程职业技术学院打造"梦想创新园"项目，该项目是"意识培养、体验感悟、实践创新"三位一体创新服务育人平台，通过组织学生参加名师面对面、企业精英论坛和朋辈分享会、参观学生课外科技成果展、企业之旅、创意活动、走进企业体验创新成果等实践活动，启迪家庭经济困难学生的创新思维。

三、"三项教育"：励志教育、诚信教育、社会责任感教育

高校资助育人工作要加强励志教育、诚信教育和社会责任感教育，培养青年学生自立自强、诚实守信、知恩感恩、勇于担当的良好品质。励志教育、诚信教育和感恩教育三者相互联系、相互交融、相互结合，共同构成大学德育的核心价值。[①] 高校家庭经济困难学生资助工作绝不仅是对大学生日常学习生活的物质扶持，高校教育工作者需要挖掘其内在意义和功能，尤其要通过资助工作的开展对学生进行励志教育、诚信教育和社会责任感教育，同时，培养学生健全的心智、健康的人格和自强自立的精神。[②] 在新的历史时期，广东省政府和各高校积极采取各种措施，全力推进构建高校资助育人工作新体系，广泛开展励志教育、诚信教育、社会责任感教育，取得了较好的成效。

（一）榜样力量，开展励志教育

人无志不立，高校应该积极开展大学生励志教育。这里所说的励志教育主要指的是激励学生树立良好的人生志向，并集中心力去追求今后人生的成功和幸福的教育。高校学生资助工作作为教育人的重要活动之一，开

---

① 于成文，鲍博，刘冰. 以"励志、诚信、感恩"教育加强大学生思想政治教育工作［J］. 北京教育（高教版），2014（3）：63.
② 方江南，江银凤. 基于育人视角的高校学生资助工作思考［J］. 佳木斯职业学院学报，2016（9）：256.

展大学生励志教育对学生尤其是家庭经济困难学生的成长极其有益。①

近年来,广东高校在资助育人的过程中注重开展励志教育,通过发挥奖学金、助学金的导向作用,在校园里寻找获得资助的优秀学生,通过宣讲会、座谈会等形式,用他们自身先进的事迹去激励其他学生积极进取、努力学习、立志成才。广东开展励志成长优秀学生典型宣传评选活动,通过各地区各高校的资助育人工作,培育了不少艰苦奋斗、励志成才的典型。如2016年"中国大学生自强之星"称号获得者陈鸿佳,2016年度"中国大学生自强之星"获得者刘易,2016年度"中国大学生自强之星"提名奖获得者王小然、莫杰梅、黄福国,"国家资助,助我成才"励志典型人物杨彪,还有多名学生入选教育部评选出的"国家资助,助我飞翔"励志成长成才优秀学生典型;评选出100名"国家资助 助我飞翔"励志成长成才优秀学生典型和50篇高校"助学·筑梦·铸人"主题征文活动优秀征文作品。

此外,广东高校积极开展主题教育活动。各高校通过评选出一些励志成长成才的优秀学生作为典型,来鼓励和引导高校家庭经济困难学生勇于面对自己所遇到的困难,不断培养大学生自立自强、艰苦奋斗的精神。自2009年以来,华南师范大学通过举办"榜样华师——学生表彰大会暨颁奖典礼",以播放视频和现场访谈的方式,呈现获奖学生的先进事迹并进行表彰,让大学生们在鲜活的榜样中接受教育与洗礼,营造了"力争上游、追求卓越"的良好学习氛围。华南农业大学实施"模范引领计划",设立10个奖项奖励在不同领域有卓越表现的学生和集体,分别是"华农之星""学术之星""学习之星""创业之星""道德之星""自强之星""学干之星""文体之星""五星宿舍""星级班集体",每年评出100名标兵奖和100名提名奖。通过该计划,挖掘学生中的优秀典型,树立模范,发挥榜样的作用,形成学有目标、赶有榜样、干有典范的氛围,发扬刻苦钻研、求精图新、自强不息、朝气蓬勃的精神面貌,提升学生立志报国、乐于奉献的思想水平。

---

① 徐子欣. 高校学生资助育人功能研究[D]. 成都:四川师范大学,2016.

另外，广东其他高校如广东工程职业技术学院实施造"星"工程。广东工程职业技术学院非常重视对家庭经济困难学生励志强能的精神指引，重视资助精神文化的培育，连续多年举办"校园十大自强之星"评选展示活动，深入宣传报道家庭经济困难学生励志成才典型事例；"星"火相传，在新生入学教育期间邀请往届"自强之星"为新生做示范教育巡回演讲，发挥朋辈教育作用，引领学生自强不息，充分发挥励志教育的作用。广州城市职业学院与广东人民广播电台联合策划感恩励志教育公益品牌活动"梦想激励人生"，展示家庭经济困难学子的成才经历，在更多学子中形成榜样宣传效应，发挥励志育人的效果。

（二）塑诚于心，开展诚信教育

诚信是中华民族传承数千年的传统美德，是社会主义核心价值观的重要内容。诚信对于当代的中国社会具有重要的价值和意义。[①] 对于学生个人而言，讲诚信意味着拥有一种良好的习惯和融洽的人际关系，这对于个人以后的职业发展起着至关重要的作用。[②] 因此，对于社会而言，在高校开展诚信教育显得尤为必要。

广东高校重视对学生的思想品德进行考核，要求遵守学术道德，开展诚信教育，建立失信约束和惩戒制度，加强监管部门执法力度，根据国家法律、校规校纪对考试作弊、抄袭论文、散播谣言等违法、不良行为严格监督、严肃处理，在各类评优活动中进行诚信考查，使高校学子恪守诚信底线。广东各高校拓宽宣传教育渠道，大量使用微信公众号等新媒体，推广高校校园诚信的内容；创建诚实守信的氛围，开展各类标兵模范的评选和事迹宣传教育活动；将诚信教育纳入教学学时，不断充实和更新课程教学内容，提升诚信教育的理论广度和深度，并深入人心。[③] 2016年5月，广东省和各高校举办"学生资助诚信教育宣传月"活动。广东工程职业技术

---

① 徐蕾. 诚信的当代价值与大学生诚信教育 [J]. 学理论，2014 (25)：185.

② 方江南，江银凤. 基于育人视角的高校学生资助工作思考 [J]. 佳木斯职业学院学报，2016 (9)：256.

③ 于成文，鲍博，刘冰. 以"励志、诚信、感恩"教育加强大学生思想政治教育工作 [J]. 北京教育（高教版），2014 (3)：63.

学院努力让诚信感恩教育常驻校园,通过组织"感动瞬间主题摄影展""诚信感恩征文比赛""给父母的一封信""毕业生还款承诺书""教师节尊师敬师活动""创文志愿服务行动""旧书回收捐赠助学活动""组织'感恩于心·诚信于行·励志一生'签名活动"诚信感恩专题讲座等主题实践活动,让学生将感恩诚信内化为内在的修养和自觉行为。华南师范大学精心打造了"我的中国梦——立志·修身·博学·报国""助学·筑梦·铸人""诚信行天下"等主题教育活动,教导学生树立诚信意识。

同时,广东高校制订大学生诚信规范行为准则,建立健全制度管理体制,尤其是针对现在的互联网诚信问题,使学生的言行规范化;推进大学生在校期间诚信档案和诚信信息资料管理系统的建立和完善,并把它纳入统一的社会诚信体系,连接大学生的成长、发展和对社会公益服务的诚信表现,通过外在的约束推动学生自律性的发展。[①] 广东高校除了开展一些常规的诚信教育活动之外,还会积极邀请助学贷款发放银行工作或财务人员对资助政策进行宣传教育,在政策宣讲中引入诚信教育,组织学生观看诚信宣传教育专题纪录片和电影,让每位贷款学生充分认识到贷款违约可能带来的严重后果,启发和教育学生按时归还国家助学贷款,要对国家、社会、学校和老师负责。华南师范大学在国家助学贷款毕业生中开展"诚信行天下"诚信教育及国家助学贷款说明会;在全校开展"国家资助 助我飞翔"励志成长成才优秀学生典型宣传评选活动。

(三)心存感恩,开展责任担当教育

高校应结合资助工作实际,有针对性地开展社会责任感教育。党的十九大报告中就提出了要注重培养学生的社会责任感。党的十八大报告提出,"关心帮助家庭经济困难学生是政府应尽的职责,但受助学生也要学会履行社会责任和义务"。因此,高校要积极引导,培育共识,让受助学生在接受"他助"的同时,鼓励他们培养"自助"的能力,勇于担当"助人"的社会的文化氛围。

培养"自助"能力,就是要鼓励学生自立自强,通过自己的辛苦劳动

---

① 于成文,鲍博,刘冰. 以"励志、诚信、感恩"教育加强大学生思想政治教育工作[J]. 北京教育(高教版),2014(3):63.

创造价值，避免了不劳而获所带来的"等、靠、要"的消极思想。因此，在"自助"的基础上，高校教育工作者还要注重培育受助学生的感恩意识和责任意识，倡导"助人"的精神，让学生在"助人"的过程中，将爱心传递下去，同时，锻炼了吃苦耐劳、团结合作、包容真诚的精神品质，在奉献社会的过程中，增强责任感、成就感和价值感。

中华民族是一个具有感恩传统的民族，自古就有"饮水思源，知恩图报""滴水之恩，当涌泉相报"的说法。在高校的资助工作中，往往有一些当年在读时获得"他助"的校友回到母校设立各种奖助学金，帮助家庭经济困难的师弟师妹完成学业，这对于激发受助学生感恩意识、树立积极榜样有着积极的影响。

在高校资助育人中，我们既要建立一些勤工助学的有偿的服务实践平台，也要建立一些无偿服务、社会公益类实践平台，积极引导学生参加校内外的公益活动。例如，广州大学在2011年5月起实行了受助学生"公益积分管理办法"，开展了"公益积分、让爱飞翔"项目，学校学生资助管理中心每年印发《广州大学经济困难生公益积分手册》，通过有组织地引导、鼓励受资助的学生积极参与公益活动，传递爱心，将家庭经济困难学生的经济资助与其参与活动的积分相挂钩，形成了以经济资助为基础、以励志教育为导向、以公益实践传递爱心为核心的三位一体济困育人体系，变爱心资助为爱心传递，在校园里形成了良好的"人人为我、我为人人"的意识和氛围。① 积极参与志愿活动和社会公益项目，也是"助人"的体现。

同时，广东高校重视让受助学生意识到作为高校资助资金，国家财政是来自纳税人，使其在享受权利的过程中也承担着回报社会和纳税人的道德责任。另外，广东高校积极做好资助育人宣传工作，让高校家庭经济困难学生认识到回报国家和社会最好的方式就是充分锻炼自己的本领，为实现中华民族伟大复兴拼搏努力，贡献力量，如此才不会辜负国家对其的支持。华南师范大学每年在毕业季通过微博、微信宣传"百名优秀毕业生"的先进事迹，每期阅读量达到5 000人次以上；毕业典礼微视频将感恩教

---

① 广东省教育厅，广东省学生资助发展研究课题组. 广东省学生资助十年发展研究报告（2007—2016年）[M]. 广州：中山大学出版社，2017：206.

育、激励教育渗透到毕业生的校园生活记忆中，获得众多网络点击、分享、转发和评论，网络点击量高达42万多次。华南农业大学积极开展"抱诚守真、感恩社会"主题教育等丰富多彩的活动，让学生在活动中更加深入地领会责任与担当。

广东工程职业技术学院利用校外助学渠道，鼓励高年级家庭经济困难学生走出校园、参与公益。2016年，广东工程职业技术学院与天河区凤凰街道团工委联合成立广州首个大学生"志愿者进网格工作站"，620名受助学生协助街道进行网格化管理项目，服务辖区31个网格、8 000多名居民。通过志愿服务培养学生的责任意识、奉献意识，引导他们感悟生活、学会感恩，极大地促进了广东高校受助学生社会责任感的培养。

第四章 广东高校资助育人资源

俗话说："兵马未动，粮草先行。"资助育人资源是高校顺利开展资助工作的前提和保障，开发和建设资源是资助育人的前提和基础。在开展资助育人工作过程中，广东高校始终坚持"政策导向明确，加大财政投入，资金合理分担"的基本原则，逐步开发与建设资助育人资源，建立和完善以"奖、助、贷、勤、减、补、免、绿色通道"为主要内容的资助体系，保障"不让一个学生因家庭经济困难而失学"。因此，高校要重视和用好各类资助育人资源，深入认识和理解资助育人资源概念，掌握资助育人资源现状和发展趋势，进一步做好资助育人资源的开发与建设。

第一节 资助育人资源概述

党的十八大以来，党和政府进一步建立健全国家学生资助政策体系，学生资助政策体系从不完整逐步走向完善，资助项目从少到多，资助面从窄到宽，"形成了最好的资助制度安排"，"发展形成了由保障型资助向发展型资助转变的资助理念"。[①] 这些成效的取得，离不开党和政府的高度重视，也离不开各级政府、高校和社会各界的大力支持和积极投入。实践证明，

---

① 中华人民共和国教育部. 十八大以来学生资助取得重大成效 [EB/OL]. (2017 - 09 - 06) [2019 - 06 - 01]. http://www.moe.gov.cn/jyb_xwfb/xw_fbh/moe_2069/xwfbh_2017n/xwfb_20170906/sfcl_20170906/201709/t20170906_313499.html.

近年来，资助资源渠道不断拓宽，资源类型逐步增多，使得学生资助工作逐步从保障型资助向发展型资助转变，"扶贫"与"扶志""扶智"成为发展型资助的主要内容。因此，只有充分挖掘和融合各种资源，才能为家庭经济困难学生提供物质和精神双重保障，从而更好地帮助家庭经济困难学生的成长成才。

一、资助育人资源内涵

资助育人资源属于资源的一种。人类对于资源的认识并非一蹴而就，在不同的时间、不同的背景之下，对于资源的定义各不相同。在原始社会，人类出于生存本能需要，对资源的认识局限于自然资源。社会生产力的发展促使人类对资源的需求进一步扩大，对资源的认识也日趋丰富。特别是发展到工业社会时期，人类开始看重社会资源中的资本、人力、科技等因素，并将它们视为社会发展的重要资源。随着知识经济、信息社会的到来，以文化、信息、知识等要素为主要内容的资源形态在社会经济发展中的作用越来越大，人类对于资源概念的认识拓展到知识、信息资源。随着当今社会的进一步发展，人类对资源本性的认识进一步加深，深刻明确资源具有"能利用并给利用者带来利益"的本性，新的大资源概念逐步形成。在现今发展的最新的"大资源"观点中，人类是这样认识资源的："大资源是相对于小资源或狭义资源而言，是一个包含复杂结构的、由数种子资源有机构成的、具有强大整体性功能的资源体系，包括自然资源、经济资源、文化资源、人力资源、政治资源和制度资源等六大既相互独立又相互联系的子资源系统，其中后五种资源是人类社会劳动的成果，又通称社会性资源。"[①] 根据人类对资源概念认识的发展，陈华洲在其博士论文《思想政治教育资源论》中对资源定义："所谓资源，是指在一定的社会历史条件下存在的，能够满足人类需要、并可以为人类开发利用，在社会的政治、经济、文化活动中经由人类劳动而创造出财富的各种要素的总和。"[②]

纵观资源观的发展历史，结合当下广东高校资助育人工作的实际情况，

---

① 周鸿. 中国社会发展中的大资源问题及其根治对策 [J]. 软科学, 2000 (3): 49.
② 陈华洲. 思想政治教育资源论 [D]. 上海：华东师范大学, 2007.

笔者认为，所谓资助育人资源，是指在资助育人活动中，能够被高校资助育人工作者开发利用，并且有利于实现资助育人目的的各种要素的总和。它具有以下三个特征。

(一) 时代性

资源的演进变化，是随着社会经济和科学技术的发展而不断演变的。在这个过程中，资源的形态变得更加多样，品类由单一发展为多种，功能由简单发展到复杂，发挥作用的领域也日益广泛，最终发展到多种形态资源并存的局面。可见，资源是时代发展的产物，具有鲜明的时代性。同样，资助育人资源也充分体现了时代性特点。在不同的发展阶段，学生资助工作的理念和内涵不同，从最初的保障型资助发展到今天的发展型资助，资助育人成为学生资助工作的根本要求和主要内容，资助育人资源也在不断发展完善。

(二) 有限性

资源不是无穷尽的，其对于人的客观需求来说是有限的，只有将有限的资源用在"刀刃"上，才能发挥资源的最大功效。一方面，目前高校学生资助工作在经费、人力投入等方面取得了长足发展，基本上能够满足学生在经济上的需求。但是，在学生资助工作由保障型向发展型转变的过程中，高校、学生对资源的需求发生了一定变化，单纯的经费投入已难以满足资助育人的需求，还需要广大学生资助工作者进一步开发和建设新的资助育人资源。另一方面，个别高校和人员缺乏资源意识，现有资助育人资源存在滥用、闲置、分配不合理等现象，没有充分利用好现有资源，客观上造成了当下资助育人资源匮乏。

(三) 系统性

任何一种资助育人资源，都是以具体形式存在的，但是，通过高校资助工作者的开发和使用，形成相互关联、相互制约的关系。例如，经费投入是最常见的资助育人资源，能够保障家庭经济困难学生最基本的生存需要。但是，资助经费如何使用才能达到资助育人的效果，需要人力、制度等资源的配合才能完成。

因此，只有充分挖掘各类资助育人资源，并以科学合理的方式在资助育人各系统、各环节中对资源进行分配，才能保障"不让一个学生因家庭经济困难而失学"，才能实施好以物质帮助、道德浸润、能力拓展、精神激励为有效内容的资助育人工作。

二、资助育人资源类型

资助育人资源是一个复杂系统，目前，学术界对于资助育人资源的分类有着不同的标准。按照不同标准，资助育人资源可以有不同类型。例如，按照存在形态的属性分类，有自然资源和社会资源；按照资源自身的属性分类，有物质资源和精神资源；按照时间标准分类，有传统资源、现实资源和未来资源；按照存在形式分类，有有形资源和无形资源；按照空间的标准分类，有域内资源和域外资源；按照发挥作用的方式分类，有显性资源和隐性资源。① 本章根据高校资助育人工作实际，将资助育人资源分为保障型资源和发展型资源，主要基于以下三方面原因。一是从资助育人历史看，学生资助政策体系由"免费上大学""人民助学金"发展成以"奖、助、贷、勤、减、补、绿色通道"为主要内容的资助政策体系，逐渐由保障型资助向发展型资助转变。二是从资助育人内容看，"学生资助必须坚持育人导向，将育人作为资助工作的出发点和落脚点，构建物质帮助、道德浸润、能力拓展、精神激励有效融合的长效机制，形成'解困—育人—成才—回馈'的良性循环"②。可见，资助育人的内容涵盖了保障型资助和发展型资助。三是从资助育人对象看，广大家庭经济困难学生较低层次的生理需求——经济需求得到解决后，还存在学习、心理、就业、人际交往等方面的更高层次的需求，这种需求只有通过发展型资助才能解决。

（一）保障型资源

保障型资源主要用于维持学生资助政策体系正常实施，是保障"不让一个学生因家庭经济困难而失学"的资源。

1. 物质资源

物质资源是指构成高校学生资助工作所需要的财力、物力等各种物质

---

① 陈华洲. 思想政治教育资源论［D］. 上海：华东师范大学，2007.
② 陈宝生. 进一步加强学生资助工作［N］. 人民日报，2018-03-01（13）.

的总和，一般包括奖学金、助学金、助学贷款、勤工助学、减免学费、临时困难补助、绿色通道等资助措施。其中，在大学本科阶段，奖学金主要有国家奖学金、国家励志奖学金、学校设立的奖学金和社会设立的奖学金等；助学金主要有国家助学金、广东省家庭经济困难大学新生资助、广东省少数民族聚居区少数民族大学生资助、"南粤扶残助学工程"专项资助、学校设立的助学金以及社会设立的助学金等；贷款主要有国家助学贷款、生源地信用助学贷款、高校利用国家财政资金对学生办理的无息借款、一般性商业助学贷款四种形式，① 目前，广东高校一般常用校园地助学贷款和生源地信用助学贷款这两类国家助学贷款；勤工助学活动是指学生在学校的组织下利用课余时间，通过劳动取得合法报酬，用于改善学习和生活条件的实践活动，② 目前广东高校结合各自情况，设置了助教、助研、助管等校内固定岗位和市场兼职、家教等校外岗位；减免学费是指国家对公办全日制普通高校中家庭经济特别困难、无法缴纳学费的学生，特别是其中的孤残学生、少数民族学生及烈士子女、优抚家庭子女等，实行减免学费政策；③ 临时困难补助是对因遭遇重大疾病或突发意外事件造成经济困难的学生给予临时性资助；绿色通道是对交不起学费的新生实施的临时措施，确保学生顺利入学。此外，除上述各项资助项目外，各高校还利用学校和社会资源，对家庭经济困难学生发放物资等。

2. 制度资源

制度是一种特殊资源。高兆明在《制度公正论》一书中这样解释制度供给："制度供给，就是通过给变革中的社会提供一种基本合理、公正、健全的制度体制，使社会确定一种基本的交往关系范型及其基本的行为规范体系，在这种交往关系范型中，合乎新社会同一体的善的行为不仅是美好

---

① 王彩萍. 内蒙古地区生源地信用助学贷款存在的问题及其改进的研究 [D]. 呼和浩特：内蒙古师范大学，2013.

② 中华人民共和国教育部. 教育部 财政部关于印发《高等学校勤工助学管理办法（2018 年修订）》的通知 [EB/OL]. (2018 - 08 - 24) [2019 - 06 - 01]. http://www.moe.gov.cn/srcsite/A05/s7505/201809/t20180903_347076.html.

③ 国家学生资助政策体系：高校学生资助政策 [EB/OL]. (2012 - 11 - 20) [2019 - 06 - 01]. http://www.gov.cn/banshi/2012 - 11/20/content_ 2270862.htm.

的、应当被称赞的,而且同时也是有现实功用、能够给人们带来现实利益的。"① 可以看出,制度供给包括两方面的意思,即制度的绝对供给和有效供给。前者是指所提供的制度应该是完整和健全的,这样才能杜绝违法行为;后者指所提供的制度必须是合理的,这样才能使人们对制度产生很高的认同度。只有这样,制度才能有效发挥规约的作用,人们才能真正忠实地履行制度。可见,制度是资助育人的重要资源。近年来,国家、广东省和各高校出台了一系列规章制度,有效保证资助育人工作落到实处。

3. 人力资源

人力资源是开展学生资助工作所需要的具有必要劳动能力的人员。近年来,广东高校努力推进校内资助育人专职人员队伍建设、院系资助人员队伍建设和全省学生资助工作专家库智库建设,培养与打造一支支强大的高校资助人员队伍,为广东高校资助育人工作提供源源不断的动力。

(二) 发展型资源

在高校学生资助工作由保障型资助向发展型资助转变的背景下,保障型资源已难以满足发展需要,发展型资源应运而生。本章所指的发展型资源,是指为保障高校资助育人工作顺利落实所需的资源。它与保障型资源不是割裂对立的关系,而是保障型资源的进一步升华,包括保障型资源和其他发展型资源。本节对保障型资源不再赘述,仅根据工作经验介绍其他几种发展型资源。当然,在实际工作中,发展型资源远不止下列这些资源,笔者在此无法一一列举。

1. 精神资源

精神资源相对于物质资源而言,是指开展资助育人工作中蕴含的育人理念、工作环境、精神风貌、目标追求、价值体系、道德情感等,这些资源隐性作用于资助育人工作,使学生在受资助过程中受到教育。例如,国家提出的"不让一个学生因家庭经济困难而失学"的目标,本身就是一项很好的励志教育、感恩教育和社会责任感教育,极大地教育鼓舞了广大家

---

① 高兆明. 制度公正论 [M]. 上海:上海文艺出版社,2001:107.

庭经济困难学生。又如，华南师范大学确立的"奖优、酬勤、助困、育人"资助体系原则，引导家庭经济困难学生面对困难、付出勤劳、争当优秀，从而达到育人的目标。再如，各高校涌现的一批批品学兼优的贫寒学子，为广大家庭经济困难学生树立了学习榜样，激励着他们奋发图强，这也是一笔宝贵的精神资源。

2. 学术资源

学术是高校的"生命线"和基石，在当前"教书育人"的背景下，蕴含着丰富的育人资源。当前，家庭经济困难学生能力发展需要已成为资助育人工作的主要内容。高校应重视学术资源，依托不同学科，搭建平台用以训练他们的专业技能。例如，通过开展课内创新活动、课外实践活动、课题调研、学习小组、社团活动等多种途径的活动，培养家庭经济困难学生的创新思维、能力，提高他们的专业能力、素养；又如，资助家庭经济困难学生参加各类学科竞赛，聘请学科专业教师指导家庭经困难学生，资助家庭经济困难学生考取专业所需的各类"证件"等，提高学生综合竞争力。

3. 信息资源

信息作为资源之一，随着全媒体时代的到来，其内容、数量和传播方式发生了深刻变化，信息传播打破时空界限，全球化趋势越来越明显，一些优秀信息资源也被迅速传播，给传统的资助育人工作带来"利好"。高校开展资助育人工作时，可以利用这些全媒体信息资源，向广大学生传输特定的内容，使学生接受教育。

4. 项目资源

近年来，广东高校探索了一些发展型资助项目，拓展了一些发展型资源。例如，各高校开展了"助学·筑梦·铸人""资助育人，励志成才""榜样华师""星耀工大"等资助育人项目，树立了一批优秀学生典型，激励了广大家庭经济困难学生学习榜样，奋发向上，取得了良好的资助育人效果。又如，华南师范大学实施"青云计划"，以学生发展为中心，以学生发展需求为基础，构建以发展型资助为导向的资助育人模式。

三、资助育人资源渠道

高校资助育人资源有多种来源渠道，主要有国家投入、社会捐赠和高校自筹三个渠道。

（一）国家投入

国家投入主要依靠国家财政收入以及政策保障实现。财政投入是资助资金来源的主体，财政投入水平直接决定着学生资助资金的覆盖面和资助水平。[1] 国家在普通高校建立了以国家奖助学金、国家助学贷款、学费补偿贷款代偿、勤工助学、校内奖助学金、困难补助、伙食补贴、学费减免等多种方式并举的资助政策体系，同时，实施家庭经济困难新生入学"绿色通道"。[2] 国家的财政投入，极大提升了资助力度，大幅提高了资助标准，凸显了资助成效，学生和家长受惠程度得到最大化。

（二）社会捐赠

主要表现在企事业单位向学校提供赞助费或捐赠款，为优秀贫困大学生设立奖助学金，培养学生专业技能；企事业单位为优秀学生提供实习机会，锻炼家庭经济困难学生的社会实践能力，提高综合素质，适应社会发展所需；校友向学校捐赠资金，设立奖助学金，帮助家庭经济困难学生完成学业。例如，汕头大学在李嘉诚基金会、热心校友和其他社会各界爱心人士的关心支持下，建立了多元资助体系；广州大学设立"广州大学广东文化基金助学金"，资助学生在校期间的学费。

（三）高校自筹

一方面，高校利用自身经费设立相应的奖助学金，根据家庭经济困难学生的具体情况给予学生相应资助。例如，华南师范大学以全校奖、助、贷等六大类近60个资助项目为着力点，拓宽资助的外延和内涵，融入"大学工""全华师"全局视野中，形成了"情暖华师""榜样华师"两个具有

---

[1] 龙玉其. 社会保障案例评析 [M]. 北京：经济管理出版社，2016：304.
[2] 教育部：将完善高校学生资助政策体系 落实精准资助 [EB/OL]. (2016 - 08 - 15)[2019 - 06 - 01]. http://www.xinhuanet.com//politics/2016 - 08/15/c_ 129229497. htm.

学工风采、华师特色的资助工作品牌，筑牢了以发展能力为导向的资助体系基础。另一方面，高校通过开发建设发展型资源，结合高校实际和特色，开展了资助育人工作。例如，华南师范大学实施"青云计划""鸿鹄行"等项目，围绕学生发展需求，探索资助育人新模式。

第二节　资助育人资源开发利用现状及成因分析

资源是高校资助育人工作赖以发展的物质基础，影响着资助育人工作的成效。因此，了解和掌握资助育人资源现状及其制约因素，对于推进资助育人工作有着重要作用。

一、资助育人资源开发利用已取得的成绩

近年来，广东高校全面贯彻落实国家和广东省各项决策部署，不断开发和建设资助育人资源，有效落实了学生资助政策体系，切实保障了"不让一个学生因家庭经济困难而失学"，在资助育人工作方面取得了显著成效。

（一）资助育人资源保障有力

2007年国家实施新资助政策，特别是党的十八大以来，党和政府高度重视学生资助工作，充分开发物质资源、制度资源和人力资源等保障型资源。

1. 学生资助资金投入力度不断加大

据了解，我国学生资助每年财政投入资金从2012年的824.74亿元，增长至2018年的1 290.08亿元，增长了56.42%；财政投入累计达7 281.31亿元，占资助资金总额的66.76%；年资助学生（幼儿）从2012年的8 413.84万人次，增长至2018年的9 801.48万人次，增长了16.49%。① 具体至广东省，2017年广东省包括政府资助、社会资助和学校资助等在内的

---

① 陈宝生. 学生资助要在脱贫攻坚中发挥更大作用［EB/OL］.（2019 - 03 - 01）［2019 - 05 - 31］. http://www.moe.gov.cn/jyb_xwfb/moe_176/201903/t20190301_371758.html.

学生资助总资金为 78.62 亿元，受资助总人数为 432.15 万人；其中，政府资助共计投入 61.73 亿元，社会资助资金总额为 1.61 亿元，学校资助资金总额为 15.28 亿元；政府资助资金占 2017 年学生资助总资金的 78.52%。①而在高校层面，各高校根据有关规定，按学校事业收入的 5% 提取学生资助经费，保证了资助育人工作的正常开展。

2. 学生资助制度不断完善

2007 年 5 月，国务院下发《关于建立健全普通本科高校高等职业学校和中等职业学校家庭经济困难学生资助政策体系的意见》，决定从 2007 年秋季开学起，全面贯彻落实新的资助政策。在新资助政策指导下，政府和高校充分开发制度资源，相继出台了一系列学生资助规章制度，进一步推动了高校学生资助工作的规范化和法制化水平，切实保障了资助育人工作的顺利开展。在政府层面，教育部、财政部等部委出台了《关于认真做好高等学校家庭经济困难学生认定工作的指导意见》《普通本科高校、高等职业学校国家奖学金管理暂行办法》《普通本科高校、高等职业学校国家励志奖学金管理暂行办法》等规章制度，广东省也根据上级要求出台了相关规章制度和实施细则。2019 年 4 月，财政部、教育部、人力资源与社会保障部、退役军人事务部和中央军委国防动员部联合印发《学生资助资金管理办法》，就本专科学生国家奖学金、国家励志奖学金、国家助学金等项目出台实施细则。在高校层面，广东高校结合工作实际，纷纷出台了资助育人工作规章制度和实施细则。例如，华南师范大学从建立健全学生资助工作制度入手，先后制定《全日制本科学生资助体系实施方案》和《华南师范大学研究生奖助体系实施办法（试行）》，系统规划了学校的本科生和研究生管理办法，出台了《华南师范大学学生先进班集体评选办法》《华南师范大学学生勤工助学管理办法》《华南师范大学国家助学贷款实施办法》《华南师范大学优秀学生奖学金评选办法》等管理办法制度，覆盖学生资助各项业务。

---

① 徐静. 2017 年广东资助学生超 432 万人，总资金达 78.62 亿元［EB/OL］. (2018–03–01)［2019–06–01］. http://news.dayoo.com/guangdong/201803/14/139996_52114351.htm.

3. 学生资助队伍不断发展

教育部和广东省重视高校学生资助队伍建设，明确要求原则上按学校全日制普通本专科生、研究生在校生规模1∶2 500的比例配备相应的专职工作人员。近年来，广东高校努力推进高校校内资助育人专职人员队伍建设、院系资助人员队伍建设和全省学生资助工作专家库智库建设，培养与打造一支支强大的高校资助人员队伍，为广东高校资助育人工作提供源源不断的动力。此外，在具体工作中，广东高校注意挖掘人力资源优势，充分运用业已形成的学院学生工作组织机构，发挥院系党委副书记、辅导员等人员的作用，依托院系学生工作办公室开展学生资助工作。

（二）资助育人资源形式丰富

从传统意义上而言，资助工作的主要资源是"财物"，主要来源于政府、高校和社会，为高校资助育人工作奠定了坚实基础。随着近年来高校学生资助工作由保障型向发展型转变，广东高校积极发挥优势，拓宽资助渠道，挖掘"财物"之外的制度资源、人力资源、精神资源、学术资源、信息资源等。比如，华南师范大学利用"互联网+"资源，依托马克思主义理论一级学科和教育技术学国家重点学科优势，抢占互联网新阵地，精心建设学生综合服务平台、"智慧校园"数据中心、"华师学工"、华师资助网等业务系统和微信平台，运用博客、微博、微信、QQ等新媒体手段开展资助育人工作，积极探索资助育人新路径；广州大学依托"公益积分，让爱飞翔"项目，挖掘社会公益项目资源，引导学生参与公益活动；华南农业大学实施"竹铭计划"，开发课程资源，为家庭经济困难学生提供免费培训，提升学生的综合素质。尽管从资源的总量、结构等方面来看，资助育人资源仍存在进一步完善的空间，但是，从资源的形式来看，已经突破了保障型资源的局限，资助育人资源形式日渐丰富。

（三）资助育人资源效果凸显

近年来，资助育人资源在广东高校资助育人工作中发挥了重要作用，在"资助"与"育人"方面取得双丰收。在"资助"方面，大量保障型资源的开发利用，客观上使得广东高校不仅实现了"不让一个学生因家庭经济困难而失学"，而且资助规模逐年扩大、资助范围逐步扩展、资助标准稳步提升。据统计，2018年广东高校各级各类资助34.8亿元，资助学生197万人，使家庭经济困难学生不再因学费问题失去上学机会，充分享有了公平的教育机会，在制度上基本保障了广东高校家庭经济困难学生顺利入学、完成学业。① 同时，积极挖掘建档立卡政策资源，实施建施档立卡学生资助政策，2018年广东省共发放建档立卡学生资助资金近11亿元，资助学生近30万人，助力脱贫攻坚。② 在"育人"方面，一批发展型资源陆续被开发利用，一批资助育人项目落地生根，促进了学生健康成长。例如，华南师范大学"青云计划"、中山大学南方学院"励能计划"等高校资助育人课题项目研究项目取得丰硕成果；"助梦扬帆——海外研学项目"成为广东省资助育人品牌，数百名家庭经济困难优秀大学生走出国门，到美国、德国等著名高校开展研学活动。

二、资助育人资源开发利用存在的问题

发展型资源是进行资助育人工作的必要条件和重要内容，在资助育人工作中扮演着重要角色。当前，广东高校为更好地贯彻落实资助育人工作，不断开发和建设发展型资源并取得一定成效。但是，与保障型资源相比，发展型资源"摸不着""看不见"，一些高校在开发与利用发展型资源方面存在一些不足。

（一）资助育人资源供给有待进一步强化

充足的资助育人资源是顺利、高效开展资助育人工作的物质基础。由前文可知，党和政府高度重视学生资助工作，充分开发各类资助育人资源，有效保障了高校资助育人工作的顺利进行。但是，面对庞大的家庭经济困难学生群体，加之他们有不同方面、不同层次的发展需求，使得高校现有的资助育人资源难以很好地满足他们的需要。一是个别高校特别是民办高校没有落实上级有关"从事业收入中足额提取5%的经费专项用于学生资助"的规定，高校资助工作经费不足，更谈不上开展资助育人工作了。二是个别高校对发展型资源认识不到位，疲于应付事务性工作，难以集中精

---

①② 数据来源于广东省教育厅副厅长朱超华在2019年广东省学生资助工作会议上的讲话。

力开发发展型资源。三是信息资源存在有效供给不足问题。随着科学技术的发展，信息传播与接收方式发生了深刻变化，当前社会已进入全媒体时代。① 全媒体时代信息传递突破时间和空间限制，实时、无障碍到达受众身边，直接被受众所接收。而传统的资助育人工作内容往往依附于资助项目，并通过奖助学金评选环节向学生单向灌输，信息效率低。此外，信息系统、微博、微信等信息化手段在资助育人中的应用仍需进一步加强。

（二）资助育人资源质量有待进一步深化

目前，在广大高校资助工作者的努力下，资助育人资源开发利用的广度较大，在形式上已达到较高水平。但由于高校资助育人工作处在转型升级阶段，各高校的资助育人资源存在参差不齐的现象，总体上质量仍有进一步优化的空间。一是资助育人资源往往"三句不离本行"，多数与奖助学金项目相关，停留在保障型资源层面，局限于浅层次、易操作的资源，其发挥的育人作用十分有限。二是发展型资源的开发利用缺乏统一的标准和规范的程序，在一定程度上使得一些高校在开发利用过程中出现"饥不择食""囫囵吞枣"的现象，缺乏对资源的甄别和过滤，不但没有起到育人的作用，还存在负面工作的风险。三是个别高校脱离教育对象，没有充分分析本校学生的发展需求，生搬硬套开发利用资源，造成资源"水土不服"。

（三）资助育人资源整合有待进一步优化

全员育人、全程育人、全方位育人是做好新形势下高校思想政治教育工作的必然要求。资助育人作为思想政治教育工作的一部分，同样要求全员育人、全程育人、全方位育人。事实上，当前高校资助育人工作仍依靠资助工作人员、院系党委副书记、辅导员等，学科知识、专任教师等学科资源没有被充分利用，育人与人才培养"两张皮"的现象未能得到根本改变。此外，在传统的资助育人工作场域内，由于资源种类的繁多和形式的多样，不同单位、不同人员在开发利用资源的过程中"各自为政"，缺乏统一的规划和指导，没有进行整体的考量，导致资助育人资源分散、孤立，难以发挥有机整体的育人效果。

---

① 林海岸. 全媒体时代学校德育机制的困境与改进：机制设计理论的视角［J］. 中小学德育，2019（4）：24-27.

三、资助育人资源开发利用现存问题的成因分析

以上资助育人资源开发利用存在的问题是由很多因素综合造成的，笔者难以一一列举分析，仅结合工作经验和实际调研情况方面进行原因分析。

（一）认识深度有待进一步加强

习近平总书记强调，扶贫先扶志，扶贫必扶智。在实际工作中，我们普遍意识到，当下家庭经济困难学生并不局限于经济困难，还存在学习、心理、就业、人际交往等能力上的困难。相比"扶贫"，"扶智"与"扶志"难度更大、任务更艰巨。可喜的是，在党和政府的重视下，"扶志""扶智"已成为高校学生资助育人工作的重要内容，大多数高校日趋重视资助育人资源的开发利用。但是，人的认识是一个渐进的过程，不可能一蹴而就。长期以来，高校学生资助工作一直处于保障型资助的样态，人、财、物等保障型资源占据资助育人资源主导地位，造成一些高校对资助育人资源的多样性、发展性缺乏必要的认识，缺乏开发利用资助育人资源的主观能动性。

（二）管理力度有待进一步加强

目前，高校对资助育人工作的管理仍有待进一步加强。一是制度供给不足。完善的制度是保障资助育人工作正常运转的基石。尽管国家、广东省出台了一系列有关资助育人的规定，但据了解，系统出台有关资助育人制度的高校并不多，特别是对资助育人资源的开发利用仍缺乏具体明确的标准和完善的制度，客观上造成不少高校没有主动开发利用资助育人资源。二是人力保障不足。目前，高校人员编制比较紧张，多数高校难以按照上级规定的师生比例配齐资助工作人员，甚至不少高校的学生资助中心仅有一人，造成资助育人资源缺乏人员去开发利用。三是资源配置不合理。由于认识的不足，很多高校没有形成统一管理和配置资助育人资源的机制，导致学校与院系之间、院系与院系之间、家庭经济困难学生与成绩优秀学生之间对资源的占有和支配不平衡、不充分，甚至出现负面工作的情况。

（三）开发程度有待进一步加强

资助育人资源不是单一资源，而是散见于高校各领域中，需要通过广

大资助工作者有意识、有目的的探索和挖掘来实现，但是，在现实工作中，高校对资助育人资源的开发利用程度仍有待加强。一是由于受传统学生资助工作的惯性思维制约，高校学生资助工作者对传统保障型资源之外的资源有所畏惧和回避，缺乏开发资助育人资源的主动性和积极性。二是由于高校学生资助工作业务量增长、业务种类增多、工作难度增加的特点，高校资助工作者忙于事务性工作，"两眼一睁，忙到熄灯""白加黑，5+2"成了资助工作人员的真实写照，难以主动发现和开发新的资助育人资源。三是对教育对象——大学生的资源需求特点认识和把握不足，不能对现有资源进行深入挖掘，造成资源有效供给不足的情况。

第三节　资助育人资源开发利用原则与途径

资助育人是促进社会公正、教育公平，构建新时代社会主义和谐社会的重要举措。在广东地区，随着粤港澳大湾区的发展与建设，区域资源优势越来越明显。高校在资助育人工作中要紧抓时代和区域发展的重要机遇，要始终站在实现教育现代化、服务"两个一百年"奋斗目标和伟大复兴"中国梦"的战略高度，紧紧围绕立德树人根本任务，持续强化"四个意识"，全面落实"四个服务"，在深入总结国家新资助政策体系实施十周年工作经验的基础上，持续加力，持久用劲，不断提高资助育人水平，确保家庭经济困难学生顺利入学、安心学习、圆满就业、成人成才，努力解决和回答好资助育人这一生动的实践课题和深刻的理论课题。①

一、资助育人资源开发利用原则

在学生资助工作由保障型资助向发展型资助转变的背景下，广大家庭经济困难学生对资助育人资源的需求更加迫切，广东高校对资助育人资源的开发利用更加积极主动。但是，资源的开发不能带有盲目性和随意性，应该遵循一定的原则和程序。具体如下。

---

① 杨振斌. 做好新形势下高校资助育人工作的实践与思考［J］. 中国高等教育，2018（5）：17-20.

（一）导向性原则

导向性原则是高校开发利用资助育人资源必须坚持的首要原则。2018年3月，教育部部长陈宝生同志在《人民日报》发表文章《进一步加强学生资助工作》，强调"学生资助必须坚持育人导向，将育人作为资助工作的出发点和落脚点，构建物质帮助、道德浸润、能力拓展、精神激励有效融合的长效机制，形成'解困—育人—成才—回馈'的良性循环"[①]。从陈宝生同志的论述可以看出，资助是手段，育人是目标，开发利用资助育人资源是为了更好地服务高校资助育人工作，是资助育人工作的基础，必须不折不扣地坚持育人导向。此外，资源丰富而多样，但不是所有资源都能成为资助育人资源，能发挥积极作用的资助育人资源则更加稀少。高校在开发利用资助育人资源的过程中，不可避免地会带来一些负面影响或是对现有资助育人体系造成冲击挑战的"资源"。只有坚持育人导向，才能在众多纷繁芜杂的资源中，对资源进行价值分析和评价，开发利用有益、适合的资源，从而满足和实现资助育人工作的需要和目的。

（二）整体性原则

资助育人资源是多种多样的，也许散落于不同的系统中，但它们共同服务于"资助"工作，共同作用于"育人"这一目的。这好比一台机器的零件，只有当所有零件组合合理，才能发挥机器的功效。可见，资源具有连带性和耦合性，它们连成一个整体，相互影响，没有哪一种资源可以孤立于社会，孤立于其他资源之外独自生成。因此，高校在开发利用资助育人资源时，既要认识资源的特殊性，又要仔细观察它与其他资源之间的内在联系，将有内在联系但可能形态不一的资源融合为一体，用整体的观念看待资源的开发利用，努力提高资助育人资源的利用率，这样才能达到"1+1>2"的功效。

（三）针对性原则

资助育人本质上是"育人"，"人"是最终的落脚点。但人是存在差异

---

① 陈宝生. 进一步加强学生资助工作［N］. 人民日报，2018-03-01（13）.

性的,他们对高校资助育人的需求也各不相同。例如,低年级的家庭经济困难学生希望通过学校助学金解决学费、生活费问题,高年级的家庭经济困难学生则更希望通过奖学金、发展型项目等提升综合素质。因此,从深层次上讲,资助育人资源的开发是为人的全面发展提供服务的。高校应立足学生全面发展的需要,主动研究家庭经济困难学生身心发展的特点和规律,关注他们在不同学习阶段的不同需要,真正走近学生身边,走进学生的内心,充分利用不同的资助育人资源,设计能真正满足学生发展需求的资助育人项目,从而解决学生的需求问题,促进学生成长成才,真正实现"育人"效果。

二、资助育人资源开发利用途径

党的十九大报告指出,我国社会主要矛盾已经转化为人民日益增长的美好生活需要和不平衡不充分的发展之间的矛盾。同样,随着学生需求的变化,学生日益增长的发展需要和不平衡不充分的资助育人资源之间也存在矛盾。开发利用资助育人资源将是解决这一矛盾的有效途径。

(一)扩大资助育人资源供给

扩大资助育人资源供给,就是要深入认识资助育人资源功能的开放性,既要开发利用各种资助人、财、物等保障型资源,又要开发精神、信息、项目等发展型资源,并使它们相互配合;既要做到广度开发,又要做到深度开发;既要有量的相加,又要有质的整合,充分发掘出资助育人资源多方面的、深层次的功能。①

1. 吸收校外优秀资源

从前文可知,高校资助育人资源的来源主要是国家投入、社会捐赠以及高校自筹,其中政府投入占主导位置,高校自筹是主体。但是,毕竟政府和高校的资源有限,社会资源却非常充足。因此,为打破这一局面,高校应放远眼光,瞄准校外优秀资源,充分利用社会资源并将其作为政府和高校资源的有效补充,进一步拓宽社会资源来源渠道,逐步引进企业、社

---

① 陈华洲. 思想政治教育资源论 [D]. 上海:华东师范大学,2007.

会团体和个人资源,以奖助学金项目、发展型项目等多种多样的形式对家庭经济困难学生进行资助,从而在经济上及时解决学生的物质困难,在精神上激励他们自立、自信、自强,推动高校资助育人工作的有效落实。

2. 整合校内既有资源

长期以来,高校内部积累了丰富的资助育人资源。在由保障型资助向发展型资助转变的背景下,高校应打破传统学生资助工作惯性,围绕学生的发展需求,重新梳理校内各部门、各院系的资助育人资源,再造新的资助育人工作流程、工作方法和工作内容,从简单的经济资助转变为全方位全面的资助,给予学生更多的精神上的关爱,帮助其树立未来发展的信心。

3. 开发新的资源

除了继续利用好传统资助工作的物质、制度、人力等保障型资源外,高校要根据自身优势,创设新形态的资助育人资源。例如,挖掘资助育人工作中蕴含的育人理念、工作环境、精神风貌、目标追求、价值体系、道德情感等,使这些资源隐性作用于资助育人工作;依托不同学科,借力学术资源,开展课外科技、学科竞赛、创新创业等活动,培养学生的创新思维和能力,提高他们的专业能力和素养;利用全媒体信息资源,拓展信息资源内容,向广大学生传输特定的内容,使学生接受教育;探索发展型资助项目,拓展发展型资源。

(二) 完善资助育人资源配置

科学合理的资源配置,能够有效提升资助育人资源的利用效率,还能提高资助育人资源的利用质量。

1. 设计资助育人资源分配方案

高校要通过财务预算、资产采购、项目立项、绩效评估、财务审计等方式,制订资助育人资源分配方案,科学规划资助育人资源的使用情况,把资源用在最需要和最能产生效果的"刀刃"上,及时将资源归类、进行分科管理,提高资源的使用质量,发挥资源的育人功效。

2. 科学认定家庭经济困难学生

家庭经济困难学生认定是学生资助工作的基础,是分配各类资助资源的依据。近年来,教育部、广东省相继出台了家庭经济困难学生认定办法,为高校开展认定工作提供了指导。高校应按照统一标准、统一时间、统一程序、统一平台开展家庭经济困难学生认定工作，只有这样才能真正识别家庭经济困难学生，才能将有效的资源分配给真正有需要的学生。

3. 规范资助项目评审

评定程序的科学、规范、合理是实现资助育人资源公开、公平、公正分配的重要保证。高校要根据自身实际和学生需求设置相应的资助育人项目，每个项目均应按学生申报、院系推荐、学校评审、公示、公布结果等程序评审，确保学生能够公平、公正、公开地获得相应的资源。

（三）加强资助育人资源整合

高校资助育人资源由物质资源、制度资源、人力资源、精神资源、信息资源、学术资源、项目资源等众多要素组成一个完整的系统。事实上，这个系统的各个要素分散在不同场域，掌握在不同人员的手里，高校只有凝聚不同人员，整合好各个要素资源，形成工作合力，才能使整个资助育人资源系统发挥作用。一是着重围绕学生心理疏导、人文关怀、精神激励、学业帮扶、成长助推等几个方面工作，提升高校学生资助工作人员掌握和支配资源的能力。二是充分调动学校领导、党政干部、辅导员、"两课"教师等协同力量的积极性和主动性，围绕资助育人的共同目标，紧密配合，协同作战，实现资助育人工作领导、决策、管理与实施的一体化。三是广大教师负有育人职责，他们以良好的思想、道德、品质和人格给学生以潜移默化的影响。高校可通过师德师风建设、职称评审等途径，引导广大教师参与到资助育人工作中，发挥全员育人、全方位育人、全过程育人的整体功能，实现资助育人的广泛性和持久性。

第五章 广东高校资助育人方法

资助育人是促进教育公平和社会公平的重要举措,"不让一个学生因家庭经济困难而失学"是党中央、国务院做出的郑重承诺。随着资助育人工作的不断深入,高校资助育人工作得到进一步重视,资助育人体系不断完善,内容不断丰富,方法也得到不断地拓展创新。2016 年,习近平总书记在全国高校思想政治工作会议上强调,"要坚持把立德树人作为中心环节,把思想政治工作贯穿教育教学全过程,实现全程育人、全方位育人,努力开创我国高等教育事业发展新局面"①。推动资助与育人工作深度融合,是高校人才培养的重要环节,是落实"全程育人、全方位育人"的要求。站在新时代更高的起点上,我们必须不断改进和创新高校资助育人的方法,深入推进高校资助育人方法的优化。

第一节 资助育人方法概述

资助育人工作要根据教育的目标和内容,运用相应的科学方法,选择合适的载体。这是做好资助育人工作的内在要求和重要保证。

---

① 习近平在全国高校思想政治工作会议上强调:把思想政治工作贯穿教育教学全过程 开创我国高等教育事业发展新局面 [N]. 人民日报, 2016 - 12 - 09 (1).

一、资助育人方法的内涵

资助育人的首要前提是资助。资助是手段，育人是目的；没有资助，就没有育人；同样，没有育人，资助的意义和价值就大打折扣，甚至出现负面效应。"育人是资助工作的灵魂"。

多年来，教育系统深入研究学生资助工作的根本目的和最终价值体现，逐步发展形成了"资助育人"理念。围绕立德树人根本目标，学生资助逐步构建了"扶困助学—立德树人—唱响中国梦"这一新的内涵。随着高校资助育人理念的深入和新的资助内涵的拓展，不断地丰富和发展高校资助育人的方法是新时代的迫切要求。

方法是连接相互作用的主客体的中介因素，是人们达成预期目标的一种手段、工具、途径和技术。高校资助育人方法就是从方法论的角度研究"资助工作如何育人"的问题，研究高校资助育人方法是在高校资助育人过程中非常重要的环节，方法选择决定目标的实现程度，对于完成资助育人任务具有举足轻重的作用。

二、研究资助育人方法的重要性

研究资助育人方法是实现资助育人目标的必要条件，是决定资助育人效果的关键因素。毛泽东同志曾形象地指出："我们不但要提出任务，而且要解决完成任务的方法问题。我们的任务是过河，但没有桥或没有船就不能过。不解决桥或船的问题，过河就是一句空话。不解决方法问题，任务也只是瞎说一顿。"①

高校资助育人方法的研究，有利于促进理论指导与实践行为互动统一。高校学生资助育人方法不同于传统的高校思想政治教育方法，在教育对象、作用方式和运用形式等方面有其独特性。如果脱离这种独特性，即使再好的理论也难以发挥其作用。同样地，如果缺乏理论的指导，实践也难以得到发展。因此，要坚持理论联系实际，加强对高校资助育人方法的研究。

---

① 毛泽东. 毛泽东选集：第1卷［M］. 北京：人民出版社，1991：139.

在选择资助育人方法的时候，要针对不同的教育内容，以相匹配为原则，从实际出发，采用针对性的方法，认真地分析目前资助育人工作中存在的问题，提高分析问题和解决问题的能力，发展和创新资助育人的路径和方法，以适应时代的需求。

高校资助育人方法的研究，有利于促进施教过程和受教过程良性结合。高校资助育人包含了两个过程。一是教育者对受教育者施加教育影响的过程。教育者是资助育人工作的具体实施者，强化他们的立德树人责任感和使命感，提升他们的能力和素质是影响育人成效的关键。二是受教育者接受教育影响的过程。在资助育人工作中，家庭经济困难学生群体是受教育者，这个群体具有特殊的共性，每一个个体又具有鲜明的独特性。因此，精准地了解学生的需求，激发学生自我组织教育和发展的主动性是高效完成育人工作的另一个关键。教育者在资助育人工作中，要牢记育人使命，在解决困难学生群体共性问题的基础上，正视每个学生的个体需求，激发学生强烈的参与感，使学生更好地接受教育，实现自我的成长。

第二节　资助育人方法现状和制约因素

近十年来，广东高校扎实推进精准施助，转变传统资助模式，在实际运行中取得了一定的成效，形成了独具岭南特色的广东省学生资助体系。在育人方法上，逐渐改变了单一的经济资助方式，充分调动和整合多元化的资助力量，摸索出了资助育人"精准资助、精细管理、精心服务"的三大工作手法，根据受助学生实际情况和发展需求开展个性化、多元化、有针对性的资助，更加重视对学生的思想引领、心理疏导、人际交往、社会实践、专业技能等综合能力的提升，将受助学生的人格品质塑造、能力建设等有机结合，促进受助学生的立志成才、全面发展。

实践证明，许多资助育人的方法在提升育人效果方面卓有成效。但是，从整体上看，一些资助方法在实施过程中受到内外部各种因素的影响和制约。发现并解决高校资助育人方法的制约因素，对更好地开展育人工作，探索更为行之有效的资助育人方法有重要的启示作用。

一、资助育人队伍的能力和素质需进一步提升

高校资助工作者是资助育人工作的具体执行者，在教育的过程中起主导作用，他们的能力素质、思想认识、工作态度，直接影响资助育人工作的顺利开展。此外，高校对资助工作者的管理规范、考核评价等，也是响应资助工作者工作的重要因素。一般来说，资助工作者的能力素质越高，对立德树人的理念越认同，对学生的影响力和示范作用就越强，育人的效果就越好。

目前，高校部分资助工作者存在精力不够、能力不足、意识不强等薄弱点。根据《教育部关于进一步加强高等学校学生资助工作机构建设的通知》各高校应按照全日制普通本专科生、研究生在校生规模1∶2 500的比例配备专职资助工作人员。① 目前，广东高校基本都有专门设立的学生资助管理机构，配备有学校层面的工作人员。但是，很多高校资助工作专职人员配备不足，资助工作往往要依靠院系辅导员来完成。辅导员作为大学生思想政治教育工作者，在育人上具有丰富的经验和独特的优势，是资助育人工作的主要力量。但是，由于当前高校辅导员事务性工作繁重使其身心疲惫，导致他们忙于事务而缺乏精力去深入探索资助育人的方法，育人的能力有待提升，育人的广度和深度不足。

另外，一些高校资助工作者对资助育人思想认识有偏差，育人意识淡薄，原因是多方面的。一是没有转换工作理念，将管理服务意识和育人意识割裂开来。在他们看来，高校资助工作是管理服务层面的工作，而育人工作是依靠思想政治教育者，通过理论教育、社会实践等平台来完成；在工作中形成了定式思维，资助工作更多的是从解决学生经济困难的角度来考虑，对受助学生思想、品德、心理等各方面状况的关注和引导不足。二是资助育人考核评价不便量化。目前，广东省已经将资助育人工作作为资助过程的一项重要工作和考核指标，但育人功能是隐性的，不便于量化，

---

① 中华人民共和国教育部. 教育部关于进一步加强高等学校学生资助工作机构建设的通知［EB/OL］. (2006-05-10)［2019-06-01］. http://www.moe.gov.cn/s78/A04/s7051/201006/t20100608_181282.html.

而事务性工作是能够量化的，因此，资助工作者开展资助育人工作的动力不足，这也是资助工作者的育人意识相对于管理服务意识缺失的主要原因。

二、资助育人方法需进一步改进优化

如何提升资助育人方法的针对性，将精准服务贯彻资助工作始终，是目前高校资助工作者不断探寻的方向。正确的资助育人理念，要通过有效的方法，才能为受教育者所接受，最终实现资助育人的目标。

教育者在育人过程中要充分考虑学生的差异化需求。要对教育对象进行精准化分析，分对象分层次地进行；应充分考虑学生的认知水平和活动的具体特点，深入了解教育对象的思想政治素质情况，做到因人而异、因材施教。每一个家庭经济困难学生都是不同的个体，家庭情况不同，自身特点不同，发展诉求不同，并且在不同的时间节点，不同的学生面临的困难也各不相同。这种差异化的需求需要高校认真制订差异化的资助育人方案。但从目前来看，部分高校资助育人工作者对受助学生的精准化分析不够及时、不够深入，对症下药式的服务做得不够到位，资助育人的形式呆板，方法陈旧。资助工作者常开展的活动就是组织讲座和座谈会、举行征文比赛和演讲比赛。从接受的角度看，这些形式不能吸引学生的兴趣，即使教育的内容多么正确，都没有真正让学生入脑入心，资助育人的目的无法真正得以实现。

教育者在育人过程中要克服无偿资助方式带来的消极影响。在现行的资助体系中，如国家助学金、励志奖学金、学费减免、困难补助等主要以无偿资助的方式为主。国家助学贷款实行的是财政贴息的办法，学生在校期间不用承担利息，这也是一种无偿的资助方式。无偿资助帮助家庭经济困难学生解决了经济上的困难，不需要学生承担相应的义务，对大部分学生来说，这起到了积极正面的作用。但对于部分学生而言，无偿资助也有一些消极的影响。一是易造成家庭经济困难学生不劳而获的人生态度。权利和义务不对等，会使部分学生产生"国家的钱不拿白不拿，拿得越多越好"这种贪婪错误的想法，不但不能领会政府和社会的良苦用心，反而淡化了感恩之心，甚至一点感恩之心都没有。如果无偿资助的过程中产生这种"我穷我理所当然就应该受助"的想法，于育人无益。二是易将学生置于被动的从属地位。一些资助工作者把家庭经济困难的学生等同于"弱势群体"，要求学生被动接受，这不利于发挥家庭经济困难学生的主动性和创造性，无益于家庭经济困难学生责任能力、创新创业能力等综合素质的提升。

三、互联网时代资助育人工作需进一步深入探索

在互联网时代，高校资助育人的客观环境发生了巨大的变化，给高校资助育人带来了新的机遇和挑战。高校要充分认识到网络技术、大数据在育人方面的优势，加强对网络环境下资助育人方法的研究，这对于资助育人目标的实现有重要意义。

目前，有的高校虽然已经开通微博和微信等新媒体平台，但对新媒体平台的强大功能发掘和运用的深度还不够，对新媒体平台的应用还停留在发布通知和新闻的初级阶段。相对于校园网、主题网站等传统网络平台，移动客户端更易于访问、更能被学生接受，微博、微信等更具有互动性，资助工作者可以更好地运用这些新媒体平台，实现师生跨时空的即时沟通和多形式的思想信息交流。通过微咨询、微互动、线上答疑等立体交互展示方式，更为及时全面地把握受助学生思想行为的发展变化情况，从而提高资助育人的针对性和有效性。

此外，网络信息良莠不齐，对学生思想行为的影响更加复杂。近年来，部分高校学生遭遇电信诈骗、不良校园贷的新闻屡见不鲜。新生入学的前后，是学生遭遇诈骗的高峰期。一些不法分子往往会在开学前后冒充教育部或校方工作人员，以发放奖学金、助学金、生活补助等名义，向学生和家长索要身份证号和银行卡号，骗取银行卡密码。还有一些不法分子伪装成中介或代理公司，打着可免费提供兼职服务平台的旗号，吸引涉世未深的大学生前去应聘，骗取学生缴纳押金或保证金。各种骗术花样繁多，因此，资助工作者要熟知网络安全知识，指导学生学好网络安全知识这一门重要的必修课。

第三节 资助育人工作方法优化

2017年12月,教育部党组印发了《高校思想政治工作质量提升工程实施纲要》的通知,对如何构建十大育人体系提出了明确的要求。其中,提到要构建资助育人体系,坚持实施国家资助、学校奖助、社会捐助、学生自助"四位一体"的资助体系,不断完善以"奖、助、贷、勤、减、补、免、绿色通道"为主体的多元化资助体系建设,加强对学生进行爱党爱国、艰苦奋斗、自强不息、励志感恩等方面的教育。因此,在资助育人的策划和实施中,可以从精准化、项目化和信息化入手,更好地发挥学生资助育人功效,提升资助育人的质量和水平。

一、资助育人精准化

精准资助是对习近平总书记精准扶贫思想的延伸,亦是精准扶贫的具体化,是资助育人工作的关键举措,应该贯彻到资助育人的全过程。精准资助就是指学生资助工作的精准化,要找准资助对象,通过差别化的资助形式,提升资助目的与资助对象需求之间的契合度,最大程度发挥资助效能。精准化资助并不等同于绝对的精准,而是相对于粗放式的自助模式,精准化资助要求高校资助工作者在具体的操作过程中更加重视大数据和量化考核方式,尽量以客观具体的数据来体现公平公正性。

(一)精准核实资助对象信息

精准核实资助育人对象的信息是实施精准资助育人的前提。高校在资助过程中面临资源配置不合理的挑战,只有在精准核实育人对象的基础上才能科学分配育人资源。根据现行规定,学生在申请认定时,须提交《家庭经济情况调查表》,加盖家庭所在地的乡(镇)或街道民政部门加盖公章,证明自己的家庭经济情况。学校再根据该生的日常经济支出、在校表现等信息对其困难等级进行评审认定。显然,这样的认定方式规范性有余,但真实性、精准性不足,缺少对家庭经济困难学生认定中各种细节因素的考虑。因此,高校要建立动态的经济困难学生信息库,便于及时更新,确保准确有效实现家庭经济困难学生认定的动态化。

华南师范大学软件学院实施"三核实""五观察",实现了对学生家庭经济情况的精准核实和动态监测。

1. 学生自行核实

华南师范大学软件学院组织学生进行《经济情况认定结果自核责任书》的诚信签名,责任书内容不多,涵盖"你是否同意认定结果?你递交的材料是否真实?你是否如实反映家庭经济和家庭成员情况?如果被查出存在失信行为,将取消资助资格和评优资格,并进行备案,你清楚吗?如果你认为递交材料存在不真实情况,请立刻告知辅导员。对主动告知者,仅对其认定结果调整,不进行备案"。在此过程中,学生自行核实自己的经济情况,可以唤醒自我的责任感,让其对自己的行为负责。

2. "一对一谈心谈话"核实

针对大一新生,在新生入校前,通过学生兼职班主任一对一联系等方式,对新生家庭经济状况进行摸查,初步了解。新生入校后的首次经济情况认定,辅导员对新生进行一对一谈心谈话。因为要谈话的学生数量较多,且要在新生首次经济情况认定前完成,所以每个学生的谈话时间为5分钟即可,以关心关爱和鼓励的角度去了解其经济情况,重点关注学生递交的材料与其谈话的内容是否一致。同时,对家庭经济困难的学生,辅导员要逐个电话联系学生所在地的村委或社区干部,充分了解学生情况,进一步核实信息。

3. 深入宿舍核查核实

辅导员利用晚上和周末的时间深入被认定经济困难学生宿舍,通过观察和聊天的方式进一步了解学生的经济情况。辅导员一般能通过观察学生的生活和学习用品,以及谈话的方式了解学生的基本经济状况。同时,要重点关注被认定为不困难学生的情况,及时把握该生的真实经济情况。若确实困难,要将名单列入学院的经济困难学生数据库。

通过这三个步骤,可以对学生家庭经济困难认定结果进行有效核实。

"五观察"分别是微数据观察、日常消费观察、言行举止观察、学业情况观察、家校互动观察。核实学生家庭经济情况认定结果之后,就进入长期的动态监测环节。学院成立由副书记担任组长,辅导员、班主任和各年级评议小组成员作为组员的学生家庭经济情况动态监测工作小组,建立动态监测评价指标体系和学生民主反馈体系,通过完成五个观察,及时更新困难学生信息库。

1. 微数据观察

相比于利用大数据对学生情况进行监测,在学院层面利用微数据进行监测更加及时,因为目前学生使用校园卡来进行消费的行为逐渐减少,更喜欢在美团、天猫等平台上叫快餐和购物,很难及时掌握消费大数据。微数据观察,一是关注学生微信朋友圈、微博、抖音、QQ空间等的信息,关注其是否有经常聚餐、外出旅游、奢侈购物等行为。二是关注《家庭经济情况认定表》中的关键信息与其日常描述和学生工作系统信息是否有矛盾,有矛盾者则需要进一步核实。三是分析一卡通消费数据,家庭经济困难学生在食堂用餐数频繁且平均用餐金额稳定,若消费曲线出现异常,则需要立刻被关注并核实。

2. 日常消费观察

这个观察主要靠动态监测工作小组走访宿舍的方式来完成。班主任和年级评议小组成员将情况反馈给辅导员后,辅导员利用走访宿舍、约谈学生和组织班级学生代表民主评议的方式来进一步核实。日常消费观察主要包含学生的饮食消费、购物消费、娱乐消费、外出频率等衣食住行情况。

3. 言行举止观察

这可以通过动态监测工作小组日常观察、宿舍同学反馈、班级同学代表民主评议结果等方式来完成。重点观察学生的言行是否一致、说话前后是否有矛盾。若有,这部分学生就有可能存在家庭经济认定材料不真实或不全真实的情况,需要重新约谈学生,开展诚信教育,并再次根据经济困难认定材料逐条核实。

4. 学业情况观察

辅导员观察学生期末考试成绩情况和学业获奖情况,了解和掌握学生受资助后的学习成绩和学习状态,如果学习成绩下滑、状态不佳就需要进一步了解情况。一般来说,家庭经济困难学生受助后,会更加积极向上,把握各种学习和参与活动的机会。

5. 家校互动观察

辅导员可以开展家庭实地走访、电话回访等多种途径与学生家长建立长效沟通机制,及时了解学生家庭经济的真实情况。其中,电话回访是切实可行且高效的,而家庭实地走访实际操作比较困难,可以利用寒暑假由学院学生家庭经济动态监测工作小组通过微信视频聊天等多种灵活的方式来观察学生家庭实况。个别不愿意视频的,则通过联系当地村委会或社区干部来了解情况。

动态监测坚持定量和定性相结合的方式,建立动态贫困生数据库,同时将地区经济差异、城乡差异、家庭经济情况突发变化等各种细节因素列入观察及认定考虑范围,保证每位受助学生得到精准识别。

(二)精准掌握资助对象需求

高校精准资助制度的服务育人价值主要是指为受助学生学习、生活等方面提供服务,达到立德树人目标。要想为学生带来其真正需要的服务,需以学生需求为导向,实施资源配置精准、满足资助对象包括物质需求和精神需求在内的个体需求。

马克思人的需要理论把人类的需求从低到高的次序分为生存需要、人的享受需要和发展需要。根据马克思需要层次理论来看,生存需要和享受需要是受助学生求学期间的主要需求,也是最基本的需要。学校学生资助工作主要是帮助学生解决在校学习期间所要承担的基本教育费用和一些生活费用方面的困难,目的在于帮助学生"能上学"并且能"上好学"。发展需要则是高层次的需求。在经济资助的基础上,学校学生资助工作借助一系列教育活动以满足学生发展需要。例如,通过创建勤工助学制度,鼓励学生从被动受助到主动付出,帮助自我,激励受助学生形成自立自强的心理品质;通过实施"青云计划"等素质提升项目,帮助学生全面提高综合素质,激励受助学生形成自尊自爱的心理品质,从精神上更注重学生的尊重需求以及自我实现需求的满足。

(三)精准把握资助育人实施

资助育人工作在实施过程中,要积极探索形式丰富、精准到位的资助方式，根据学生不同的需求，帮助学生扫除经济上的烦恼、思想上的困惑和能力发展上的障碍。

一方面，高校可以在"奖、助、贷、勤、减、补、免、绿色通道"等传统资助形式的基础上，进一步深挖资助育人的内涵，在资助的过程中加强对家庭经济困难学生的心理疏导和人文关怀。无论是评选奖助学金的过程还是公示名单的过程，都要兼顾学生的自尊与隐私。另一方面，高校可在发展性资助理念指导下寻求工作形式的突破和创新。在资助工作中，以公平原则与效率原则为价值追求，以家庭经济困难学生的发展与资助体系的发展为目标指向，着眼于受助学生的全面发展，正确把握资助工作中的公平与效率、权利与义务、工具性与人文性、自助与他助等关系问题[①]，以现代化管理思想与管理方法为解决方案，在保证满足家庭经济困难学生经济需求的基础上，促进他们的全面发展。

例如，华南理工大学充分利用"互联网+"技术，将学生管理系统与传统资助方式紧密结合，运用"家庭经济认定系统+实地走访"精准识别困难学生的资助需求；通过"助学金申请系统+校园一卡通消费系统"，在实施分档精准资助的同时，动态收集学生的消费情况，为资助项目的调整提供依据；结合"勤工助学管理系统+勤工助学阳光成长计划"和"综合测评系统+帮扶举措"提升受助学生能力，实施资助育人工程；运用"学生就业管理系统+就业补贴"措施，帮助家庭经济困难学生顺利就业，[②] 成为高校运用信息化完成精准实施资助育人工作的典范之一。

（四）精准发挥资助育人效能

资助育人的效能是指资助工作达到预期结果或影响的程度。精准发挥资助育人的效能，要求资助工作最大程度发挥其实效性，包括受助学生经济上得到资助、能力素质和身心素质得到提升，实现从追求资助规模到追求育人质量的转变。

---

① 张远航，论高校家庭经济困难学生的"精准资助"[J]. 思想理论教育，2016（1）：110.

② 广东省教育厅，广东省学生资助发展研究课题组. 广东省学生资助十年发展研究报告（2007—2016年）[M]. 广州：中山大学出版社，2017：100.

美国心理学家赫茨伯格的双因素理论认为，引起人们工作动机的因素主要有两个：一是激励因素，二是保健因素。只有激励因素才能够给人们带来满意感，而保健因素只能消除人们的不满，但不会带来满意感。① 高校资助工作如果只是简简单单的"发钱"，资助工作就只是停留在"保健因素"层面，部分受助学生难免存在"理所当然"的心理，不会因此心存感激而自我激励。精准发挥资助育人效能，让资助不仅能缓解家庭经济困难学生的经济压力，成为受助学生的"保健因素"；更要激发他们内生动力，努力做到自尊自爱、自立自强，促进学生全面发展，成为他们的"激励因素"，帮助学生从心理上"脱贫"，从而促进学生全面发展，促进教育公平，这也正是资助工作的最大价值体现。

同时，基于效能精准开展高校资助工作的评价，以受助学生为出发点和落脚点，通过评价受助学生的成长来衡量高校资助工作成效，是评价高校资助工作最直接、最有效的方法，更能体现高校资助育人工作的价值与意义。

二、资助育人项目化

近年来，项目化的管理方法在高校党团活动中得到广泛的应用，并取得了积极的成效。所谓资助育人项目化，是指使用项目化管理方式对高校资助育人的计划制订、实施监督、成果评测等各个阶段进行综合管理，是一种以目标为导向的过程管理，目的性更明确。

（一）项目化管理的价值

项目化管理适应新形势下资助育人工作的新要求，探索资助育人的新途径，通过搭建资助育人的创新载体，有助于形成资助育人工作创特色、出经验、树品牌的新格局。

1. 项目化管理有利于提升学生参与的积极性

高校资助育人活动能否获得实效，活动的内涵深浅和质量好坏是关键，这也影响着学生参与活动的积极性和主动性。当前的许多育人活动存在着

---

① 张远航. 论高校家庭经济困难学生的"精准资助"[J]. 思想理论教育，2016(1)：111.

内容缺乏新意、活动形式比较单一和学生参与度不高的问题。而项目化的管理运作一般由符合条件的学生自愿报名参加，让学生在平等、自主、自愿的情况下主动选择参与资助育人项目，接受教育培训，这就解决了主动性的问题。例如，华南农业大学家庭经济困难学生励志强能工程"竹铭计划"，由"免费培训项目""自主双学位项目"和"暑期出国研修项目"三部分组成，让学生根据项目的内容和要求进行自愿选择，这也会提高学生参与的积极性。

2. 项目化管理有利于打造精品、树立品牌

高校资助育人实行项目化运作，可以对校内外的育人资源进行有效整合，是对育人流程进行系统管理的新模式，对提升教育成效，打造育人精品活动具有重要意义。资助育人项目的立项，要经过集思广益、反复论证、仔细推敲；项目的设计要经过广泛调研，论证其可行性、创新性；项目的实施要考验团队的协作、活动的效益；在项目的竞争过程中，更好地发挥特色和优势，打造精品。

3. 项目化运作具有灵活性以及针对性

项目化运作在规范组织行为的原则的同时还能够根据学生的情况，在教师的带领下，对项目进行调整，能够充分利用学生活动的资源，在活动中得到充分的反馈和整体的提升。另外，项目化管理能够促进学生团队的形成，目标明确，有针对性地和自身所学专业紧密联系，从而达到提升学生分析解决问题能力和实践创新能力的目的。

(二) 项目化管理的步骤

具体来说，高校资助育人活动项目化管理细分为立项、实施和总结阶段。

1. 项目立项阶段

此阶段包括项目设置的主要理念和原则，经费的来源、资助的内容，以及参与实施的教育者和资助对象类型，主要的育人方式等。项目立项阶段是项目化管理的首要环节，项目化管理的特点和优势都与立项有关，项目决定了育人活动的水平和成效。抓好立项，体现在立项内容上，要紧密围绕学校立德树人的根本任务，选择能够满足社会需要和大学生成长成才

需求的内容进行立项。

2. 项目实施阶段

此阶段包括资助育人活动的开展、人力物力分配和活动进度的监督及管理。在实施阶段,要充分调动学生的积极性,要体现公开、公正、公平的原则;要加强对各个环节的指导和监督,保证各项工作按照规定的程序运作,确保学生在活动中增长才干。

3. 项目总结阶段

此阶段主要进行资助育人活动的成果验收,对育人成果进行分析和总结。要建立及时的反馈机制。育人活动结束并不意味着育人工作的完结。育人活动是否能够达到预期效果,学生是否在活动中受益、得以成长,都要求对活动进行评价。要从参与度、影响力、受益情况等多方面对育人活动进行评价,参与度主要是考量师生参与活动的热情与主动性;影响力主要是考量育人活动本身的影响力、学校资助育人品牌的影响力、学生群体的影响力;受益情况主要考量参加活动的学生群体的思想道德和综合素质提升的正面影响等。

三、资助育人信息化

随着互联网的迅速发展,互联网已成为社会生活的必需品,"互联网+"也成为中国社会发展的战略性思维。因此,资助育人工作应该适应时代的发展,充分利用互联网的技术优势,推进大数据技术融入高校资助育人工作,探索资助信息系统与学生电子档案、学生奖惩管理、勤工助学管理、就业服务管理、宿舍管理、饭堂消费等育人系统有效对接,推动资助管理工作信息化,使资助育人工作更加智能、高效和规范。

(一)资助管理信息化

高校资助育人信息化,有利于高校社会进行信息互联互通,更加科学、规范、准确地认定学校家庭经济困难学生,公平、公正、合理、高效地分配资助资源,切实保证各项资助政策和措施真正落实到家庭经济困难学生身上,避免错漏。近年来,随着国家学生资助政策体系的完善,传统的粗放式、经验式管理将越来越难以满足发展的要求,高校迫切需要突破定式、开阔视野，加快推进学生资助工作信息化和数字化建设，运用"互联网+"、大数据挖掘与分析等现代技术手段，做到资助对象精准定位、资助过程精益求精、资助目标细化落实，实现资助信息的快速处理、实时共享。

广东多所高校推出了家庭经济困难学生资助信息管理系统，构建家庭经济困难学生认定、资助、跟踪反馈、学业成绩、奖惩情况等不同功能模块，建立家庭经济困难学生电子数据库，完善家庭经济困难学生"绿色成长档案"，把学生在校的学习情况、获奖情况、志愿服务情况等全部记录在个人档案中，实行动态管理。家庭经济困难学生资助信息管理系统形成申请、推荐、审核、审批及存储等高效统一、规范协调的管理和控制体系，实现高校家庭经济困难学生资助工作的信息化管理。

部分高校还依托学校的数据中心，构建大数据分析模型。利用学生一卡通等大数据平台实时监测，通过对学生饮食消费、购物消费、通讯消费等数据的分析来了解学生的实际消费水平。长期做好精细的数据分析，准确服务学生，结合不同学生的经济困难程度和个人学习发展水平等因素，为学生设计更为个性化的资助项目自选体系。对经济情况好转或者与申报情况不符的同学相应减轻贫困等级，对出现家庭变故的同学重点关注并适当增加资助比重，让每个学生都能获得符合个体需要的资助。

（二）资助育人信息化

对于被称为互联网原居民的95后甚至00后大学生来说，互联网是他们最熟悉的事物。因此，实现资助育人与网络环境密不可分，不仅要在学生聚集范畴中最大限度地发挥出教育的积极作用与影响，而且要运用现代化网络形式让学生更愿意接受教育。只有融入学生的生活圈内，才能进一步增强育人的实效性。

互联网的优势不仅仅适用于资助信息的管理，对于资助育人过程也大有裨益。实现育人工程的信息化。例如，利用互联网实现资助过程的动态发布，学生仅需通过手机信息平台，就能及时了解奖助学金发放、贷款放款等资助信息，有针对性地与学生进行互动，建立与学生平等顺畅沟通的渠道。信息化无疑扩大了资助育人的过程，避免了资助资金"一发了之"的情况，强化了学生对受助过程的正面感受。

当然，资助不是唯一目的，育人才是最终的目的。因此，需要利用信息化、互联网对贫困学生进行教育引导，向其传递国家、社会及院校的关心与帮助之情，同时要对其进行适当的安慰，减少其内心与其他学生的落差，并且要激发广大贫困学生的感恩之心与上进心。只有紧紧抓住情感教育这条主线，才能使教育工作的各个环节都深入学生内心，得到其情感共鸣及认可。在高校学生资助育人工作中渗透立德树人的教育方式应以典型案例为主。榜样往往充满无穷的能量，在实际育人过程中，应深入挖掘并树立典型模范，从真诚待人、感恩回报、无私奉献、积极努力等方面为贫困大学生挖掘并树立学习的榜样。当然，在促进资助育人方法信息化、网络化的过程中，也要避免其存在的负面效应。首先，要注意信息的完整性。信息准确、完整、全面才是信息化的基础，反之，就会容易导致错误的分析判断，得出错误的结论。其次，要注意信息保护，避免信息泄露导致学生被骗等恶劣事件的发生；同时避免信息的泄露导致学生的隐私权受到侵害，导致学生的自尊受到"二次伤害"。最后，信息化的价值不在于系统性，而在于系统所承载的工作理念、方法和数据。信息化是为资助育人服务的，要避免本末倒置，要最大限度地发挥信息化的工具价值。

第四节　资助育人方法原则

资助育人的原则是资助育人工作的基本标准和规则。要做好资助育人工作，必须在具体工作中遵循一定的原则，以保证工作有序有效地进行。本节主要从思想教育和能力提升相结合、课堂学习和实践锻炼相结合、自我教育和榜样教育相结合、人文关怀和心理疏导相结合四个维度做一些探讨。

一、思想教育和能力提升相结合

古语说道："授人以鱼，不如授人以渔。"在资助育人的实施方法中，要注重扶贫同扶志、扶智相结合。扶志，即帮助家庭经济困难学生增强对自己四年大学学习生活的信心，增强对自己未来人生发展的信心，增强对社会和国家发展的信心，以积极的心态走向美好的生活。扶智，即结合学生的特点，通过政策的支持和平台的搭建，给予学生能力培训和素质教育的机会，着力提高他们自我战胜贫困的能力。

（一）思想教育为先，做到以理服人

习近平总书记在同各界优秀青年代表座谈时强调："青年面临的选择很多，关键是要以正确的世界观、人生观、价值观来指导自己的选择。"① 习近平总书记在北京大学师生座谈会上的讲话也提到："要树立正确的世界观、人生观、价值观，掌握了这把总钥匙，再来看看社会万象、人生历程，一切是非、正误、主次，一切真假、善恶、美丑，自然就洞若观火、清澈明了，自然就能作出正确判断、作出正确选择。正所谓'千淘万漉虽辛苦，吹尽狂沙始到金'。"② 家庭经济困难的大学生正处在思想成长的重要阶段，思想容易受到社会环境的影响，在面对生活压力和各种挫折时，如果没有正确的世界观、人生观、价值观"这把总钥匙"，就容易迷失方向。有的人可能会选择仇视社会，走向犯罪道路；有的人可能会对社会、对人生灰心失望，选择自暴自弃，甚至可能走向自杀的道路。因此，加强对家庭经济困难学生的思想教育，提高他们的思想认识，促使他们树立正确的世界观、人生观、价值观是极为迫切的。

对家庭经济困难学生进行思想教育，要做到摆事实、讲道理，以理服人。以理服人是一个外在灌输和内在消化吸收的过程，要想让正确的思想观念在学生的头脑中生根发芽，内化成为学生的行动自觉，关键要做到紧扣实际、析事明理、解疑释惑、指引实践行为。思想教育要突出问题导向，注重解决学生思想上的疙瘩，引领学生树立正确的理想信念。高校工作者可以采用理论研究、宣传学习、专题报告、主题演讲、主题征文等方式将正确的思想政治理论知识和价值观念传授给大学生，引导学生用马克思主义的立场、观点和方法辨清大局、大势和大事，对当前的深层次问题讲清

---

① 习近平. 在同各界优秀青年代表座谈时的讲话［EB/OL］. （2013-05-04）［2019-04-16］. http://www.xinhuanet.com/politics/2013-05/04/c_115639203.htm.

② 习近平. 在北京大学师生座谈会上的讲话［EB/OL］. （2018-05-03）［2019-06-01］. http://www.xinhuanet.com/2018-05/03/c_1122774230.htm.

讲实，用精准的数据事例增强说服力，用经典和真理的力量引导学生把远大理想和现实追求有机结合起来，让他们切实感受到党和政府的关心，增强他们成长成才的动力。

对家庭经济困难学生强化思想教育，还要做到耐心细致、触及灵魂，以情动人。思想教育不仅需要深入透彻的理论阐释，还需要创新形式，通过春风化雨、循循善诱，与学生进行心与心的交流，达到以情感人、以情动人，在触景生情的过程中起到润物无声的作用。在思想教育中，可以通过综合运用氛围营造、问题导入、故事音像、案例警示等多种形式，精心设计体验式参观学习、问答互动等活动，让学生在潜移默化中将感性的体验升华成为理性的认识，达到反躬自省、升华境界的效果。例如，组织学生前往教育基地参观学习，通过观看鲜活的教材，让学生在"看、听、思、悟"的过程中，思想得到触动，心灵得到升华。

（二）能力培训为辅，给予成长支持

教育者需要加强对学生能力提升的培训，破解"能力贫困"，更加关注学生的技能和素质的培养，以学生的行为能力锻造为重点，给予学生成长的支持。为困难学生搭建思想引领和能力提升的支持体系，主要从重塑"自我意象"、提高"自我救助效能"、构建"自我发展机制"三个维度展开。

1. 重塑"自我意象"

重塑"自我意象"，就是让困难学生发现自己的潜力和优势，重新认识自己，重拾自信，拥有一个正确客观的"自我意象"。教育者要充分发挥学生干部、学生党员以及家庭经济困难学生舍友的力量，积极发现和挖掘困难学生的长处和优势，同时，利用党团组织、学校心理咨询站等载体，采取多种方法开展理想信念教育和自立自强教育，引导困难学生对自己的能力有一个正确客观的自我评价，并在此基础上不断激励困难学生取长补短，全面提升能力，为困难学生的成长与成才树立良好的价值引领和思想基础。

2. 提高"自我救助效能"

困难学生"能力贫困"的一个重要因素在于对周围资源的合理利用能力的缺失。教育者要以困难学生的实际问题为基础，更加合理地利用学校以及社会资源,妥善解决困难学生所存在的现实问题,并且在工作中要注重困难学生对资源挖掘和利用能力的培养,不断提高困难学生的综合素质,加强家庭经济困难学生的能力建设,助其成长。高校工作者可以搭建并积极发挥学生社团、班级、年级等大学生组织的平台作用,开展丰富多彩的校内外社会实践和志愿者服务活动,引导困难学生融入集体,融入校园生活圈,创造参与社会实际生活的机会和条件,为他们营造良好的发展环境,帮助困难学生提高其自我效能,提高自我素质及能力。

3. 构建"自我发展机制"

实现高校困难学生的自我发展是资助育人的最终目的,构架家庭经济困难学生"自我发展机制"是家庭经济困难学生能力提升的重要环节。高校工作者要以家庭经济困难学生的全面发展为基点,不断帮助家庭经济困难学生认识自我优秀,强化发展意识,力图"授人以渔",掌握学习方法,增强学习能力。同时,要加强职业生涯规划指导,找准方向,合理规划,争取在有限的时间内最大化充实自己。此外,要注重美学教育、创新教育、专业技能培训等全方面素质教育,不断激发他们的积极性和创新性,充分发挥自身的主观能动性,实现自我能力的新的提升。

二、课堂学习与实践锻炼相结合

课堂学习和实践锻炼是高校两种常见的育人途径。课堂学习作为传统的教学方式,在教学内容和教学时间方面有着严格的规定和明确的要求,能够较为系统地把理论、规范等传递给学生,解决了学生思想、认知的问题,为其形成人生观、世界观和价值观奠定了认识的基础。

采用课堂学习的方式进行资助育人,应充分发挥课堂学习方式系统性强、理论性强的优势。同时,资助育人的课堂学习,毕竟不同于第一课堂的学习,它具有一定的特殊性。一是资助育人课程的实施时间不能按照传统的课时特定安排,而应做出灵活的调整。二是在教学资源上要充分利用校园和社会的教育资源,有针对性地开展教学活动。例如,邀请校外导师进校园授课,开阔视野。

课堂学习中,学生是受教育者被动接受知识的学习个体。但是,认知并不等于认同,因为从人的认知到内化还有一个过程,这个过程一旦离开了实践体验,育人的目的就会落空。因此,我们必须认识到,加强受助学生的素质教育,离不开实践锻炼。

实践锻炼是对课堂学习的补充和拓展,它更加关注学生的外化过程,以学生的行为能力锻炼为重点,让学生作为自主的、独立的个体,与社会、与不同人群直接接触、交流,用已有的知识、经验和能力去解决学习、生产和生活过程中的实际问题,并在这个过程中接受信息、接受考验、经受锻炼,使得自己的能力得到培养和提高。

在资助育人中开展实践锻炼,主要包括认知型锻炼、服务型锻炼、创新型锻炼和职业型锻炼四种类型。认知型锻炼主要以社会考察、文化交流为主,旨在增强学生的认知能力,提升其文化修养,陶冶其道德情操,促进其素质发展。这类实践活动主要包括各种参观考察等。服务型锻炼以各种志愿服务活动为主,旨在培养学生的奉献精神和服务意识。这类实践活动主要包括各种志愿服务、科普服务、公益服务活动等。创新型锻炼以各类创新创业活动实践为主,旨在提高大学生的科学精神和创新能力。这一类活动包括大学生创新创业的实践和大赛等。近年来,国家为了支持大学生创新创业,出台了多项扶持政策,设立了各种创业基金和创业基地,为大学生提供创业教育和创业服务,其中覆盖了很多家庭经济困难的学生。职业型锻炼以职场体验类活动为主要内容,旨在训练大学生的工作能力,积累工作经验,加速他们的社会化进程。这一类活动包括各种勤工助学活动、就业见习活动、挂职锻炼等,如暑期的展翅计划活动。

在资助育人中,要善于依据育人的目的来安排教学内容和教育形式,将课堂学习和实践锻炼相结合,以达到更好的育人成效。以华南师范大学"青云计划"为例,采用"课堂学习+课外活动"的学习形式。在课堂学习模块中,教师围绕财商、情商及能力等板块,开展为期一学期的课程讲授,授课时间为午间一小时,每周一次;同时,学员通过课外作业、形体训练、读书分享的形式开展课外活动,增强社会实践锻炼。

三、自我教育与榜样教育相结合

自我教育是指"受教育者根据思想政治教育目标、要求,在自我意识的基础上通过自我认识、自我控制、自我体验而产生积极进取之心,主动地接受先进思想和形成正确行为的方法"[①]。榜样教育是指"教育者通过榜样这一价值载体的人格形象,激励和引导学习者自我内化榜样精神品质,生成自我道德人格和创新行为方式的一种教育活动"[②]。自我教育是家庭经济困难学生成长成才的内在动力,榜样教育则是外在引力,在家庭经济困难学生教育中要注重内在和外在因素的双向作用,共同推动家庭经济困难学生的长远发展。

(一) 发挥自我教育功能

在教育中,要尊重学生的主体地位,充分调动教育对象的积极性、主动性和创造性,真正做到"授人以渔"。教育者不能将自身定位为教育信息的"传声筒",要充分尊重学生、理解学生、信任学生、关心学生,理解经济困难学生的独特感和体验,要遵循经济困难学生身心发展的特点,激发其最大的潜能与价值,重视其内心的自我修养与觉悟,鼓励学生自我选择、自我判断、自我教育、自我控制、自我评价,做到自觉、自省,从而使经济困难学生做到自己教育自己,自己管理自己,自觉地对自己的思想和行为进行自我认识、自我矫正,促进独立意识、自信心的提高,做到价值引导和自主建构的统一、外部教育和自身教育的协调发展。

(二) 发挥榜样示范作用

教育者在强调学生自我教育的同时,也要重视榜样的教育。如果说自我教育是自己对自己的严格要求,那么,榜样教育就是通过先进人物或者先进事迹示范,影响和引导学生提高思想认识的方法。榜样的力量是无穷的,在经济困难学生群体中,涌现出了许许多多典型人物和典型事迹,用榜样的力量去感染其他经济困难的学生,是资助育人的一种有效方法。高校学生资助工作作为隐性育人的活动,可以通过发挥奖学金、助学金的导向作用开展励志教育,在校园里寻找获得资助的优秀学生,通过宣讲会、

---

① 邱伟光,张耀灿.思想政治教育学原理[M].北京:高等教育出版社,1999:223.
② 袁文斌,刘普.榜样教育的理论依据与心理机制[J].河北大学学报(哲学社会科学版),2010(1):122.

座谈会等形式,用优秀学生的先进事迹去激励其他学生积极进取、努力学习、立志成才。此外,积极开展主题教育活动。例如,在全国学生资助管理中心的引导下,组织开展的"国家资助　助我飞翔""助学·筑梦·铸人"一系列主题教育活动,各高校通过评选出一些励志成长成才的优秀学生作为典型,来鼓励和引导高校贫困学生勇于面对自己所遇到的困难,不断地培养自强自立、艰苦奋斗的优良品质。

在大力培育、选树、宣传先进典型的同时,需要注意几个方面的问题。一是选树要把握恰当的时机。在育人的过程中发现好苗子后应大力培育、悉心指导,帮助其健康成长。二是典型保护的问题。既要充分肯定成绩,又要适时给予提醒,引导他们正确对待荣誉、再接再厉。三是宣传典型切忌拔高人物,虚假宣传。四是适当时利用负面典型进行警示教育。

以华南师范大学为例。华南师范大学积极探索"朋辈示范、自我管理"的发展型资助育人新机制,着力强化学生自我教育和榜样教育。一是以学生"自我管理、自我教育、自我服务"为原则,精心打造"四社"(紫荆花社、荷花社、雪莲花社、自强社),指导学生开展以"自强、成长、感恩"为主题的系列活动,引导他们开展公益活动,搭建经济困难学生健康成长的有效载体。二是着力建设"三班两营"(即卓越班、青马班、朋辈教育班和青年领袖训练营、创业先锋训练营)教育品牌项目,每年遴选100名预备党员和入党积极分子进入"青马班"学习,成为"全省青马工程示范性学校";遴选80名学生党员参加"卓越班"进修;遴选150名高年级学生党员成立"朋辈教育班",担任新生兼职班主任,充分发掘学生朋辈教育作用,在学生资助等领域推广"朋辈教育"模式,树立了一大批品学兼优的学生典型,在广大受资助的同学中营造了"力争上游、追求卓越"的良好学习氛围。三是加强榜样宣传,开展"榜样华师"学生颁奖典礼项目、百名优秀毕业生评选和展示等创新手段,在广大学子中形成榜样宣传效应。

四、人文关怀与心理疏导相结合

党的十七大报告首次提出"加强和改进思想政治工作,注重人文关怀和心理疏导"。党的十八大报告再次强调注重人文关怀和心理疏导在高校思想政治教育工作中的重要地位。习近平总书记在全国高校思想政治工作会议中提出"要更加注重以文化人以文育人"。注重人文关怀与心理疏导是党对思想政治工作提出的新要求，也是大学生资助育人工作的重要方向。对于家庭经济困难学生而言，"资助政策的贯彻实施虽然保证了他们不会失学，但是窘迫的经济条件给他们带来了生活压力与思想负担，并不是单靠经济资助就能解决"。很多家庭经济困难的大学生入学之后，不仅承受着经济上的压力，而且很大部分学生承受着学业不理想和人际交往方面的焦虑。因此，高校在资助育人工作中，需要加强人文关怀和心理疏导，要重视家庭经济困难学生的情感需求，加强精神抚慰，以构建和谐校园文化，促进高校家庭经济困难学生的健康成长。

（一）实施心理调研，建立心理档案

高校资助工作者要加强对家庭经济困难学生的心理调研，切实了解和掌握大学生最关注、与自身需求最密切的实际问题，分析和研究他们的思想和心理动态，记录学生谈话咨询的相关资料，增强教育工作的针对性。同时，要建立家庭经济困难学生的心理档案，切实记录学生的家庭情况和成长背景，反映学生的人格特征与心理特征状况，系统跟踪和分析学生的心理动态，并以此揭示困难学生共性心理品质的问题。

（二）加强心理辅导，提升心理素质

高校资助工作者要更新教育观念、改革教育方法，设法通过各种手段提高学生的心理品质，促进学生心理的健康发展。一方面，应建立健全心理咨询机制。高校应加大心理咨询中心的建设，建立网络咨询平台，使家庭经济困难学生自主选择心理辅导的方式，注意保护其个人隐私，疏导其心理问题，解决其心理障碍，培养家庭经济困难学生的健全人格。针对心理危机对象要重点进行心理干预优化，防治心理疾病，维护学生的心理健康。另一方面，应加强对家庭经济困难学生的心理培训，对少数有心理困扰或心理障碍的学生给予科学有效的心理咨询和辅导，帮助学生调节自我，提高心理健康水平，增强自我教育能力。

（三）建设校园文化，陶冶道德情操

"一个开放的时代和社会中，教育的成功往往更多地依赖于陶冶和渗透"①，校园文化在育人过程中具有寓教于乐、潜移默化的隐形教育功能，是高校人文精神的集中体现，具有重要的育人作用。强化高校校园文化建设，营造良好的人文精神氛围，是体现人文关怀的重要载体。这种校园文化隐形教育功能的发挥，通过陶冶和感染，潜移默化地影响学生的思想、情感和生活，具有非强制性和持久性。

在资助育人的工作中，要在师生之间倡导平等互动的师生关系，营造出一种积极向上、健康和谐的校园人文氛围，这将有利于促进学生创造能力和个性的健康发展。很多家庭经济困难的学生为了解决生计问题，除了完成学业之外，主要时间和精力都用于兼职、勤工助学。将人文精神与思想渗透进学科的教育过程中，通过人文的精神熏陶和陶冶人格，紧密师生之间的关系，提升学生的人格素养。要关注学生人文素养教育，可以为受助学生开设人文素养课程，鼓励学生积极选修；为学生搭建展示自我的舞台，不定期举办歌唱比赛、演讲比赛、运动会等活动，不仅丰富了学生第二课堂的生活，而且有助于提升学生的自信心，促进其自我发展，体现真正意义上的人文关怀。

五、校内资源与社会资源相结合

高校资助育人工作是一项系统性工程，涉及教育、财政、人力资源和社会保障、扶贫等多个职能部门，需要不同职能部门的紧密协作和信息共享。校内与校外是高校实践育人体系中的两个不同阵地。高校资助育人要达到良好的效果，离不开校内主动和校外联动共同努力。因此，必须积极构建校内校外有机结合的一体化教育网络，使校内校外相互配合，相互补充，形成整体资助育人的合力。

（一）扎实推进校内工作，完善资助体系

校内主动是做好资助育人工作的基础。在资助育人工作中，高校承担

---

① 张耀灿，等. 思想政治教育学前沿［M］. 北京：人民出版社，2006：244.

着组织管理的职能，高校教师发挥着育人的主导作用。学校首先要主动在校内加强组织领导，投入必要的人力、物力、财力和政策来支持资助育人工作的开展。其次要主动了解并掌握受资助学生的发展需求。最后要在实践育人中注重挖掘校内资源，加强各级部门的协调，确保资助资金的及时发放。

高校在资助工作中组建成立由有关校领导担任组长的资助工作领导小组，构建起"学校资助工作领导小组、学生资助管理中心、学院资助工作小组、班级帮扶小组"四级资助育人体系。[①] 要强化相关部门单位的协同配合，调动各方面力量，着力形成全员、全方位、全过程资助育人工作新格局。顺德北滘职业技术学校根据本校的基本情况，创新了校内资助工作体系，达到一个动态的、精准的资助管理工作模式。具体内容是以"精准资助"为核心，坚持"五化"（领导机构精细化、工作职责制度化、申请流程具体化、档案管理标准化、资金管理规范化）与"三位一体"（三个不同部门管理员负责的学校学籍系统、资助系统、年初统计系统的分工合作）相辅相成的做法，实现了学生资助工作的"零误差"。

（二）积极运用校外资源，创新资助方式

对贫困大学生的调查研究发现，2/5 的学生在实践活动中表现出胆小、害怕领导、怕做错事、遇到问题不敢提问等特点，这就制约了其实践能力的发展。4/5 的学生参加过社会兼职工作，主要从事与专业无关的工作，如商场销售员和收银员、家教、社会教育机构教学助理、快递员、市场调查员等。只有 1/5 的高年级学生从事过与专业有关的社会实践工作。只有不到 1/10 的学生从事过类似创业的社会实践活动，比如开网店、做商业产品代理。而能够在学校、社会等多方面支持下进行创业的更是凤毛麟角。[②]

根据此现象，高校应发挥学校基金会、校友会等各方面力量，广泛争取企业、校友的爱心捐助，以设立社会奖助学金等形式拓宽资源渠道。积

---

① 杨振斌. 做好新形势下高校资助育人工作的实践与思考［J］. 中国高等教育，2018（5）：17－20.

② 徐刘宏. 搭建实践能力培养平台，助力贫困大学生素质提升［J］. 大学教育，2018（7）：159.

极利用行业协会资源和优质校友企业资源，创新资助形式，变革资助思想，让学生在勤工助学中接触社会、了解专业行业行情，在实践中提升个人能力与专业素养。在校外资助上应着力瞄准家庭经济困难学生的素质和能力短板，根据学校的专业优势和学生的专业技术，设立提升贫困大学生综合素质的校外实践基地，以创新的项目提升困难学生的综合素质，在学生的择业、就业、创业上提供更加切实有效的帮助。

例如，华南师范大学的"剪·爱"校外资助育人实践项目，组织家庭经济困难学生向广东省非物质文化遗产传人饶宝莲女士学习佛山剪纸技艺，学成后便组织学生到敬老院、福利院等机构传授剪纸技艺、出售剪纸作品筹集善款。此项目是华南师范大学运用校外资源，积极向社会拓展资助育人实践平台的优秀成果。

第六章 广东高校资助育人平台

平台作为组织为实现其目标而形成的共有性结构和制度安排，能促进资源整合，凝聚目标。随着高等教育事业的发展，高校学生资助工作从保障型资助转向发展型资助，更加强调和突出"育人"的目标。2017年，教育部党组印发《高校思想政治工作质量提升工程实施纲要》，强调"扶困"与"扶智""扶志"相结合。这就要求高校进一步搭建资助育人平台，通过整合不同渠道的资源，促进资源扩散，最终为育人目标提供支持。新时代，新使命，如何创新机制、拓展形式、构建精准高效的资助育人平台，是广东高校学生资助工作者必须思考的现实问题。

第一节 资助育人平台概述

理念是行为的先导。资助育人平台的概念梳理对于广东高校资助育人工作的贯彻落实有着重要的指导意义。资助育人工作作为保障教育公平、服务学生成长成才的重要机制，历来受到社会的高度关注与支持。要想深刻认识和进一步做好广东高校资助育人工作，首先应分析资助育人平台的内涵、作用、类型，这对于广东高校资助育人工作的整体把握和有序推进有着重要作用。

一、资助育人平台内涵

平台作为目前被广泛使用的词语，最早出现在工程管理上。在实践中的应用最早可追溯到20世纪20年代汽车实现大批量生产与流水作业时期。亨利·福特在《现代人》中描述汽车生产体系时就用到"平台"这一概念。20世纪30年代，航空公司运用了平台方法。20世纪80年代，平台方法在制造业中得到更广泛的应用，柯达、英特尔等公司通过平台方法，其生产效率都得到了提高。

平台方法在实际应用中的成功受到了管理理论界的关注。"平台"概念的最早提出者是美国西北大学教授Meyer，他认为平台是由一组亚系统和界面组成的，可以有效开发和生产出相关产品的共有结构，实际上可以看作是一系列"软""硬"要素的集合体。① 20世纪90年代，随着思想政治教育环境及其要素变得更加丰富与复杂，"平台"这一概念进入思想政治教育领域。

资助育人作为高校思想政治教育的重要组成部分，其平台建设越来越受到学术界和高校的关注。虽然不同的学者对资助育人平台有不同的阐述，但是，借鉴平台方法在管理学和思想政治教育领域应用的经验，笔者认为资助育人平台的主体要素包括政府、高校、社会、个人。其目的是通过资助育人平台的建设，为家庭经济困难学生提供物质帮助的同时，加强综合素质教育，促进学生全面发展，最终实现"育人"的目标；同时，促进资助育人工作系统化、科学化，从而在高校思想政治教育，乃至国家教育体系建设中发挥重要作用。具体可从以下几个角度来理解。

一是资助育人平台是协同育人的一种新型组织形式。资助育人平台是由政府部门、高校和其他社会组织等组成的资助育人载体，通过整合不同渠道的资源，促进资源扩散，最终为育人目标提供支持。

二是资助育人平台实质上是资助育人的支撑系统。从发展阶段上看，资助育人平台是资助育人系统的初级阶段；从体系构成上看，资助育人平台是资助育人体系的组成部分。资助育人目标的落实离不开终端平台。

三是资助育人平台表现为以提高资助育人实效为目的而组建的共有性结构和制度安排。资助育人平台围绕家庭经济困难学生"扶困、励志、强

---

① 徐顽强，张红方. 科技创新平台［M］. 武汉：湖北科学技术出版社，2014：1-2.

能"的需求，吸纳、集聚和整合各种资源，有效联结各个主体，为资助育人活动提供基础环境和资源支撑。

综上所述，资助育人平台可以定义为：在一定区域范围内，以家庭经济困难学生的成长成才为核心，以实现教育资源的合理配置、体现社会公平、促进个人的全面发展为目标，聚集开展资助育人活动所必需的资金、信息、知识、设备、人员、技术、政策等不可或缺的要素，政府、高校、社会、个人等主体协同合作的终端平台。

二、资助育人平台作用

资助育人平台是资助育人各要素相互协调发挥作用的平台，是资助育人活动现实化的终端。不同平台的选择反映了不同的育人观念，而平台的状况影响并在某种程度上决定着各要素之间相互作用、协调发展的效果。资助育人平台的作用主要体现在以下几个方面。

（一）形成教育合力

资助育人平台可以集聚资源，形成教育合力。当前，我国学生资助工作取得了显著成效，教育事业投入经费逐步增加，教育基础设施不断完善，教师队伍不断壮大。但是，不同地区、不同部门仍存在一定程度上的资源投入分散、重复建设、配置不当、共享机制缺乏、相应政策不完善、评价和激励机制不健全等问题，影响资助育人的实效，已有的教育资源效益没有得到充分发挥，在一定程度上造成了人力、物力的浪费。社会各界为改善这一情况，不断探索，但要从根本上解决这些问题，必须提供一个有效的制度性安排，建立有利于集聚资助育人资源，形成资助育人合力的体制和机制。资助育人平台的建设有助于实现相关资源的汇聚共享。

组建资助育人平台可以减少重复建设，优化资源配置，更好地促进家庭经济困难学生的发展。近年来，国家和地方加大了对高校困难学生的资金投入，也提高了资助育人的目标要求，需要融合众多力量才可以完成。资助育人平台作为一种聚合教育资源的组织形式与制度安排，可以有效建立政府、企业、高校、个体之间的联系，将"育人"贯穿学生资助工作的全过程。

(二) 凸显育人内涵

高校资助育人工作是高等教育的重要内容。自1952年以来，我国高校的资助育人模式从单一的助学金模式逐渐发展到以"奖、助、贷、勤、减、补、绿色通道"为主要内容的学生资助政策体系，逐渐由保障型资助向发展型资助转变，但目前仍存在育人内涵挖掘不充分的问题。例如，在开展学生勤工助学活动的过程中，受传统学生资助工作的影响，有人片面地认为这些工作只有经济上资助家庭经济困难学生使其顺利完成学业的功能，忽略了它蕴含的教育功能。事实上，这可以引导家庭经济困难学生通过勤工助学活动把自己的专业知识应用到具体实践中，实现"专业学习—勤工助学—专业学习"的良性循环。此外，由于资助育人工作者数量有限，部分高校的学生资助工作偏重于事务性工作，难以顾及家庭经济困难学生除经济需求之外的发展需求，难以真正发挥学生资助工作的育人作用。

大学的根本目标是培养人。这一目标包含学生综合素质的提升，即德、智、体、美、劳的协调发展。在此情况下，要使家庭经济困难学生成长成才，仅仅解决他们的经济困难是不够的，更要关心他们的学业表现、心理健康、人际交往、综合能力等方面的需求，减少他们在全面发展上的机会限制，帮助他们获得更加公平的成长机会。只有综合发挥所有环节的作用，才能达到培养人的教育目标。由此可见，通过成熟平台挖掘资助工作的育人内涵，是高校资助体系发展的必然走向。

(三) 创新工作模式

随着高等教育事业的快速发展，教育体制改革不断深入，高校学生资助政策体系逐步完善，高校学生资助工作取得了质的发展。但事物的发展有一个过程，当前，高校资助育人工作仍有较大的发展潜力和进步空间。因此，广东高校学生资助育人工作还需进一步解放思想，改革创新，加强社会资源整合，调动各方面积极性，建立起适应新时代资助育人工作的新的理论体系、体制机制，提升资助育人工作的精准度和实效性，不断开创资助育人工作的新局面。在此背景下，资助育人平台有助于整合相关信息资源。通过建立各种各样的平台，高校、社会机构、个人建立广泛的联络与合作，推进资助育人体系建设。依托这些平台，多方合作，利用资源，形成为家庭经济困难学生实施教育、管理、服务的大团队，形成多元化、多渠道、高效率的育人共同体。

三、资助育人平台类型

资助育人平台的分类尚无统一标准。有的分类方式将资助育人平台划分为显性平台和隐性平台、传统平台和现代平台、软件平台和硬件平台；还有的分类方式将资助育人平台划分为信息平台、活动平台、管理平台等。不过，任何一种划分都是相对的，彼此之间存在交叉又相互联系。本节借鉴部分学者的划分方式，结合高校资助育人工作的实际，将资助育人平台划分为信息平台、活动平台和管理平台。

（一）信息平台

2017年，教育部提出了要加强资助工作信息化的建设，相关部门互联互通，要求在对象认定、资金分配、资助标准等方面建立动态调整机制，为精准资助提供数据支持。① 信息化管理平台公开、透明、高效，有助于提高高校资助工作的实效性。通过信息化平台，资助管理者可以完成数据采集、数据分析、资格审查、宣传指导等工作，受资助者可以通过个人账号进行申请与查询操作。

"互联网+"资助工作模式改变了传统的资助工作模式。通过信息化平台的建设，将传统的纸质申请转换为网络申请、审核和审批。还可以在系统里设置逻辑条件，经过运算，对满足条件者开放申请，资助工作管理者也可以批量审批，减少重复工作。学生可以通过网络微课、微信推送、应用小程序等信息平台了解资助政策，通过算法向学生精准推送阅读信息，打造宣传、申请、查询、咨询功能一体化的网络应用平台。还可以通过信息资源的大数据的存储、管理、挖掘、分析，进一步把握资助工作的精度。②

---

① 王璐，刘亦嘉. 高校学生精准资助信息化管理的思考 [J]. 华北电力大学学报（社会科学版），2018（3）：136–140.
② 李华. 基于互联网的高校资助育人工作信息系统构建 [J]. 长春大学学报，2017（7）：94–97.

（二）活动平台

活动是由共同目的联合起来并完成一定社会职能动作的综合。所谓资助育人活动平台，是资助育人主体为实现资助育人目的所设计开展的有计划、有组织的活动载体。马克思指出，"生产劳动同智育和体育相结合，它不仅是提高社会生产的一种方法，而且是造就全面发展的人的唯一方法"①。

资助育人工作是有组织的活动。作为教育活动，有着明确的教育价值和教育目标，有着明确的组织性。资助育人工作是多主体参与的活动，资助工作人员、受资助者可以共同参与其中。资助育人活动平台的重要意义在于实现教育与自我教育的有机统一。通过搭建活动平台，教育者与受教育者多向交流、相互作用。资助主体可以通过活动平台向受资助者施加教育影响，受教育者在活动中获得自我学习。

资助育人活动平台的具体种类很多，按照开展形式划分，有竞赛活动、文化活动、社会活动等；按照内容划分，有知识援助活动、感恩教育活动、心理健康教育活动、专业竞赛活动等。在实际运用中，众多活动平台往往是结合在一起综合运用的。在资助育人活动平台中，受教育者也是教育主体，他们通过自我组织、角色扮演、实践考察、社会调查、志愿服务等方式体验生活，接受教育。

（三）管理平台

管理是社会组织中为了实现预期目标以人为中心进行的协调活动，包含计划、组织、指挥、协调、控制、创新等手段。② 资助育人的管理平台就是将资助育人内容寓于管理中，寓于人们的具体工作中，通过一定的组织与制度安排来协调规范人们的行为。

资助育人管理平台的根本功能是育人。加强资助工作的领导职能，制定符合本单位情况的工作制度，都离不开对资助育人工作的科学管理。有效的管理有助于加强资源统筹、保证审批公平、保障资金发放安全、强化

---

① 中共中央马克思恩格斯列宁斯大林著作编译局. 马克思恩格斯文集：第1卷 [M]. 北京：人民出版社，2009：593.

② 郑永廷，胡树祥，骆郁廷. 思想政治教育方法论 [M]. 北京：高等教育出版社，2010：272.

制度规范性、提高工作有效性。资助育人过程中最常见的管理类型有组织管理、制度管理、生活管理等。资助管理部门、学生自强社团都应该被纳入资助育人的组织平台,充分发挥其育人功能。制度管理是指根据制定的制度和规章为中心,规范化运行。以生为本,坚持公平公正,是资助育人平台的关键。生活管理指的是将资助育人工作融入学生的日常生活指导,在潜移默化中植入育人内涵,这是当前资助育人工作中的基础性工作。

第二节 资助育人平台开发与建设现状及制约因素

广东省逐步建立健全了较为完善的学生资助育人平台,资助资金连年增长,资助成效卓越提升,家庭经济困难学生的教育机会基本得到保障。随着时代的发展,资助育人的要求也不断提高,资助育人平台也要与时俱进。

一、资助育人平台开发与建设现状

广东省政府及高校高度重视资助育人平台建设,夯实平台基础,创新平台类型,优化平台运行。各地区各高校都能结合实际建设切实有效的平台。经过多年的积累,广东省高校资助育人平台建设取得了较好成果,形成了富有特色的"广东模式"。

(一)平台运行基础

广东省历来高度重视学生资助工作,始终贯彻落实党中央、国务院以及省委、省政府的决策部署,加强高校资助工作建设,有力保障家庭经济困难学生的受教育权利。广东省在贯彻落实国家教育事业发展的任务要求的基础上,根据省内实情,出台相应的政策措施,完善资助政策体系。2007年,广东省人民政府办公厅印发《广东省教育发展"十一五"规划》,提出完善高等教育阶段以"奖、贷、助、补、减"和开辟绿色通道为主体的助学政策体系;2011年,《广东省教育发展"十二五"规划》提出积极探索生源地信用助学贷款等多种国家助学贷款模式,积极引导社会力量通过直接捐助和设立规范基金会等方式资助家庭经济困难学生接受各级各类教育;

2016年,《广东省教育发展"十三五"规划》提出实施教育精准扶贫战略,完善学生资助体系,实现家庭经济困难学生资助全覆盖。

(二)平台运行模式

广东高校创新资助的内容与形式,提升育人成效。资助体系健全,并根据实际情况制订了比较完善的各项资助工作所配套的管理办法和实施工作细则,使得各项资助政策的实施有章可循。各高校对各类奖助学金评审及特困生认定工作也能做到规范、细致、严谨,严格按照学院制定的有关制度执行,广开思路,积极探索学生资助的新途径。个别高校积极从学校师生及社会团体、个人募集捐助物资,为家庭经济特别困难的学生发放爱心卡及爱心物品。各高校利用主题班会、微信公众号等各种载体对学生进行国家资助政策宣传解读,宣传渠道多、力度大,基本做到了让每一个学生都了解国家的资助政策。广东高校资助育人平台涌现出一批较为成熟的品牌项目,如华南师范大学的"青云计划"、华南理工大学"互联网+资助育人信息管理"、中山大学"贫困生海外游学项目"。这些项目都是依托打造信息平台、活动平台、管理平台,逐步构建起从重点关注到全面覆盖、从群体帮扶到精准救助的多元化资助育人格局,实现精准资助,深度育人。

(三)平台运行业绩

在多年的实践摸索和理论探索中,广东省高校资助育人平台建设取得了较好成果,体系完善,形成了富有特色的"广东模式"。"广东模式"在具体实践中,注重创新和发展"助困"与"育人"功能,既保障家庭经济困难学生的教育公平,又重视对学生的人格塑造和能力培养,充分发挥资助育人功能,实现学生的全面发展。目前,广东高校已经初步建立适应资助与育人需求的物质与信息保障平台系统,形成以提升资助育人实效为核心的管理制度、比较完善的规章制度体系,以及与平台建设相适应的专业化人才队伍。资助育人成效明显,不断涌现资助成才典型。2013年和2015年,广东省共有4名学生被教育部评选为全国"国家资助 助我飞翔"励志成长优秀学生典型,200名学生被评选为省级励志成长成才优秀学生代表。

二、资助育人平台开发与建设制约因素

近年来,广东高校资助育人平台建设在取得了较好成果的同时,也存在一些不足,制约着资助育人平台建设发展。

(一) 资助政策体系需进一步完善

随着社会经济形势的迅猛变化,现有资助政策中存在一些不适应当前时代发展和大学生生活实际的内容,部分制度缺乏配套实施细则或操作办法,一些资助政策和制度需要修改完善。此外,在全省全面推进小康社会建设、精准扶贫、保障民生等措施并举的形势下,广东省学生资助现阶段仍然关注助困,而以奖优、引导为目的的资助政策稍显不足,资助政策内涵和内容有待进一步深化。

(二) 资助信息化系统建设需进一步加强

学生资助工作的涉及面广、工作量大,传统纸质办公或者用电子表格人工统计的工作方式已经无法满足当前学生资助工作的实际需求。近年来,广东省在全国学生资助信息管理的基础上开发适合广东省资助工作实际需求的功能模块,完善全省资助信息管理系统的建设工作。各高校学生资助工作信息化建设都有不同程度的进展,但是,一些学校仍然未采取信息系统,或者仅设置内部独立信息系统,无法与省统一的学生资助信息平台进行有效对接。各地区的家庭经济困难学生认定网络信息系统不统一、不连贯,导致各地的家庭经济困难学生认定信息无法统一进入系统数据,造成工作中的重复认定、遗漏认定等。

(三) 二级学院主体共同建设的积极性有待提高

当前,广东高校资助育人工作平台的建设主要依托学校学生工作部等校级部门牵头,二级学院动力不足。学院是家庭经济困难学生学习、生活的主要场域,辅导员也是最接近、最了解家庭经济困难学生的育人主体。但由于人力不足、业务量大,二级学院往往重视资助工作中的管理服务,对资助工作中的教育投入相对薄弱。当前,广东高校资助育人平台中的许多活动平台以项目的形式开展,选拔部分家庭经济困难学生中的优秀学生或者典型学生进行重点培养。这在一定程度上为家庭经济困难学生提供定

制化的优质教育助力。但是，高校家庭经济困难学生的群体数量大，并且普遍需要进一步培养其综合能力素质。

三、资助育人平台开发与建设趋势

随着高校资助育人理念的进一步确立和资助育人内容的不断丰富发展，资助育人平台的开发与建设工作越来越受到高校的重视，并逐渐成为高校资助育人工作的重要部分。通过前文对资助育人平台开发与建设现状及制约因素的分析，笔者认为资助育人平台将向"精准型""发展型""造血型"的方向发展。

（一）"精准型"资助育人平台

精准是精准型资助育人的基本准则。从内涵上讲，精准型资助育人，首先是精准资助，其次是精准育人。精准资助，首先要求准确甄别学生家庭经济困难程度。目前，各高校对家庭经济困难学生的认定主要依靠地方政府提供的盖章材料，各地区的材料格式不一，详尽程度也不统一，难以回访，导致了广东省家庭经济困难学生的认定基础相对不够完善，从而未能精准掌握家庭经济困难学生的基础情况。精准育人，从本质上来说，是在经济资助基础上以精准化为理念的教育、指导、帮扶的行动，在资助育人中实现精准育人具有重要意义。① 精准育人包括主体和对象的认定、育人手段和形式的创新、内容和途径的确定、成效和目标的考量等方面，特别强调育人的发展性、差异性、针对性、实效性，重在让每一个家庭经济困难学生都能精准化提升能力素质。信息社会的发展为精准型资助育人提供了现实性。现有"互联网+"大数据技术使得高校家庭经济困难学生信息的收集、录入、调取、分析、整理、共享成为可能。

（二）"发展型"资助育人平台

帮助家庭经济困难学生成长成才是高校资助育人工作的目标和要求。然而，传统的高校资助育人在资助与育人结合上，尤其是促进受助学生成长成才上有断裂的问题。"发展型"资助育人是在落实资助政策的过程中以

---

① 展伟. 高校贫困生精准资助中的精准育人转向［J］. 江苏高教，2018（6）：80 – 82.

育人为核心,将实现学生全面发展作为最终目标。它在相关资助育人体系构建中体现以人为本,注重差异化和个性化,将资助工作与大学生思想政治教育、心理健康、就业指导帮扶紧密结合,真正实现"以人为本,因人施助,励志育人"。①

(三)"造血型"资助育人平台

高校落实国家帮扶政策,多是通过助学贷款、困难补助、减免学费、社会奖助学金等方式,以"输血型"无偿资助为主要形式。这种资助形式虽然能够缓解学生的一时困难,但该类资助资源相对有限。从长远看,不能更好地解决受助学生中普遍存在的自我封闭、能力欠缺、成长意识薄弱等问题。输血不如造血,为家庭经济困难学生搭建造血型平台,通过勤工助学岗位、搭建就业实习平台等方式,帮助他们在受助自助过程中提升综合素养,带动学生的自我管理、自我教育、自我服务、自我发展的能力。

第三节 资助育人平台开发与建设路径

资助育人工作是一项意义重大的工作,也是促进教育公平的重要方式。广东高校积极把握新时代的发展方向,不断建设资助育人平台,整合调动社会资源,通过创新资助育人模式,全面提升家庭经济困难学生的综合素质和能力,进一步促进高校资助育人工作的社会化、科学化,提高资助育人的水平。

一、搭建大数据共享平台

近年来,广东各高校积极运用互联网手段和大数据思维,通过数据统计分析,准确了解家庭经济困难学生的经济情况,确定具有针对性和实效性的个性化资助方案。

(一)建设完善全省统一信息管理系统平台

新时代下,学生资助工作业务量成倍增长,学生资助工作信息平台建

---

① 张远航. 高校资助育人的价值意蕴与实现路径[J]. 思想理论教育, 2018(6): 106-109.

设是精准资助的基础工作。广东省在信息管理系统建设方面也做出了积极探索。2003年，广东省教育厅号召全省高校结合本校实际情况建立完善资助家庭经济困难学生的信息数据管理。2016年，广东省教育厅开发并启用了《广东省高校学生家庭经济状况评估信息管理系统》。各高校严格贯彻落实广东省资助工作信息化的要求，重视信息管理建设，部分高校成果显著。[①] 例如，华南师范大学发挥"互联网+"大学生思想政治教育工作，升级改造学生工作信息管理系统为学生综合服务平台，与全国资助管理系统对接，信息化管理学生资助的数据采集和填报管理。

（二）研发"互联网+"资助管理平台

用大数据找准受众。例如，华南理工大学利用"互联网+"，将学生管理系统与传统资助方式紧密结合，将助学金申请系统和校园一卡通消费系统结合运用，全面跟踪每一个家庭经济困难学生的成长成才情况，使学生资助工作真正做到精准资助。华南理工大学开发了与家庭经济认定系统绑定的助学金申请系统，保证每一个家庭经济困难学生都能得到助学金资助。助学金申请系统根据学生家庭经济困难等级，对困难或特困学生自动分配资助金额较大的助学金供他们申请，最大程度上保证了困难及特困学生得到较高资助，缓解他们的经济压力。为进一步了解获得资助的家庭经济困难学生的生活情况，学校利用校园一卡通系统跟踪了解，重点关注每月一卡通消费低于300元的学生，对有需要的学生进行二次资助。

（三）对资助管理人员开展信息系统培训

广东省重视对高校资助管理人员定期开展信息系统培训工作，保障落实资助信息系统的使用和日常管理、维护。广东省教育厅学生助学工作管理中心根据学生信息工作管理要求，定期组织业务人员接受系统培训。

二、搭建教学教育平台

育人是资助工作的核心任务，也是新时期资助工作的新理念。从长远来看，资助的最终目的是培养人。广东省在资助工作实践中抓好励志教育、

---

① 广东省教育厅，广东省学生资助发展研究课题组. 广东省学生资助十年发展研究报告（2007—2016年）[M]. 广州：中山大学出版社，2017：124.

强能教育、思想教育，由"单一型助困"走向"发展型助困"，不断创新资助育人的平台，立德树人。在发展型趋势的背景下，构建合适的平台载体、发挥资助工作的育人内涵是新时期资助工作的应有之义。

家庭经济困难学生主要有两个深层次教育需求，一是大学生全面发展的共性需求，二是个性需求。围绕家庭经济困难学生的成长成才需求设计课程，有针对性地进行家庭经济困难学生的培养培育，课堂教学教育是很有效的教育平台。

华南师范大学在高校学生资助工作从保障型向发展型转变的背景下，实施家庭经济困难学生发展型培养项目——"青云计划"。"青云计划"主要通过课堂教学与实践实施开展，由五个模块的赋能设计组成。第一模块是"课堂学习+课外活动"。教师围绕财商、情商及能力等板块，开展为期一学期的课程讲授；学员通过课外作业、形体训练的形式开展课外活动。第二模块是训练营。通过专题训练营拓展青云学员的实践能力。第三模块是项目实践。学员通过制作项目方案、项目推进与落地、项目成果展示等环节开展项目实践。第四模块是成长评估。运用专业测评工具，分项目初、中、末期三次对学员能力结构进行测评。第五模块是考核与激励。对学员和教师进行项目表现考核，激励优秀学员和教师。通过课堂教学教育，系统性地为家庭经济困难学生进行赋能。

佛山科学技术学院实施"家庭经济困难学生综合素质提升工程"，为大一、大二学生开办包括"网商班""农商班""女企班"等综合能力素质班，提升学生的礼仪、口才、写作、办公能力等，为高年级学生开展"定向化企业储备人才班"，校企合作，邀请企业高管为储备班讲授课程，提升家庭经济困难学生的就业能力。

三、搭建社会实践平台

对家庭经济困难学生，除了物质帮助，更需要将他们培养成能在社会立足、为社会发展做贡献的人才。变"输血"为"造血"，搭建励志强能的实践平台，提升困难学生的综合素质和职业发展能力。广东高校注意整合资源，利用行业协会资源和校友企业资源，积极促进家庭经济困难学生投入到专业实践中。

华南农业大学施行"竹铭计划励志强能工程",搭建校内勤工助学岗位,设置校园快递服务站、竹铭书屋等,组织大学生勤工助学服务队,推动自主工作与实习实践深度融合,培养了一批优秀学生,获得了社会的肯定。2016年,竹铭书屋获得了"星巴克青年领导力发展项目"和"中国石油·公益未来成才基金项目"2个立项资助。服务队2015年2次被评为"广东省志愿服务先进集体",服务队近5年产生了30多名校级优秀学生干部(标兵),涌现了"全国三好学生""广州十大孝子"区孝杰等一批品学兼优的先进典型。

华南理工大学推行勤工助学阳光成长计划。学校强化对家庭经济困难学生灌输"自助、自立、自强、自信"等理念,鼓励学生通过勤工助学等方式树立自强自立的意识。华南理工大学设有校内固定勤工助学岗位近2 500个,临时岗位近3 000个,可以满足学校所有家庭经济困难学生勤工助学上岗。为更好管理家庭经济困难学生勤工助学,学校搭建开发了勤工助学管理系统。该系统包含校内所有勤工助学岗位、勤工助学学生信息、考勤记录、人员变动、补助发放等信息,可以精确动态地掌握勤工助学学生情况,及时对他们进行跟踪管理。对存在不在岗的家庭经济困难学生,学校将采取电话、面谈等方式了解学生情况和不在岗原因,确保他们"一人一岗和在职在岗"。同时,学校开展实施"勤工助学阳光成长计划"。该计划把学生在岗业务培训与成才教育有机结合起来,进一步拓展资助育人新思路。

华南师范大学也积极建设资助育人实践平台。例如,地理科学学院推动校企合作,每年引进数十家企业,提供暑期实习岗位数百个;设立专业实习资助奖学金,资助家庭经济困难学生参加野外专业实习。学校还设有家庭经济困难学生海外研学项目,拓宽家庭经济困难学生的实践场域,拓宽视野;积极响应推广广东团省委"展翅计划",推动学生社会实习的签约率。

四、搭建主题活动平台

近年来,广东省资助育人宣传工作逐步实现线上与线下渠道相结合,以多媒体、多角度、多方式广泛宣传学生资助政策的成效，提升政策知晓度。例如，与媒体合作，"专栏+活动"多角度宣传，每年在《南方日报》发布专栏、召开座谈会、举办"阳光助学 让梦飞翔"公益宣讲活动、制作公益宣传片、通过广东卫视和省教育厅微信公众号推送信息等方式宣传大学生资助政策。

广东工程职业技术学院开展筑梦"微平台"工程。该校顺应社会新媒体的发展，通过"微博、微信、微电影"，努力打造"三位一体"的资助宣传新格局，开通勤工助学服务中心公众平台和官方微博，拍摄资助育人宣传片，向广大师生和社会展现家庭经济困难学生自立自强、奋发成才的学习成长历程，提升政策宣传成效。

广州大学华软软件学院通过微信公众号宣传平台展示家庭经济困难学子的成才经历，在广大学子中形成榜样宣传效应。

暨南大学打造"1+4+X"多元化路径宣传方式，传播学生资助相关资讯。"1"代表一个学生资助宣传工作核心——宣传部，负责学生资助管理中心微信公众号、官方网站、勤工助学家教网的建设和维护，进而开展宣传报道、信息发布、政策解读、舆情处置等学生资助宣传工作；"4"代表四个学生资助宣传工作模块：新媒体平台、形象创作平台、"互联网+服务"平台、团队建设平台；"X"代表多元化的学生资助宣传方式：①以新媒体为平台的宣传方式；②以服务为目标的宣传方式；③以创新为灵魂的宣传方式；④以实践为载体的宣传方式；⑤以育人为导向的"四微一体"的宣传方式。

还有线下活动的有效开展，如"资助政策下乡行"活动。2010年起，广东省每年暑假组织20所高校1 000名学生志愿者，组成宣讲队开展"资助政策下乡行"活动，深入乡村、中小学宣传国家和省的学生资助政策。2016年，由广东省教育厅联合国家开发银行广东省分行共同组织编写《国家资助伴你成长助学贷款助力成才——广东省"国家资助和助学政策下乡行"活动资料汇编》，并组织66所高校1 000多名学生志愿者参加活动。广东高校开展励志成长学生优秀典型宣传评选活动，2013年积极参加全国学生资助管理中心举办的首届全国学生"国家资助，助我成长"主题征文活动，获得较好的宣传效果。

五、搭建情感关爱平台

（一）关心关爱心理健康

受家庭经济困难的影响，多数困难学生存在不爱与人交往、自卑、焦虑等情况。广东各高校对家庭经济困难学生的心理健康越来越关注，在资助过程中加强心理引导。同时，采取心理健康筛查，个别咨询、团体活动、谈心谈话等方式，培养学生健康向上的心态，减轻其心理压力。部分高校在传统节假日向家庭经济困难学生发放月饼、生活用品、慰问卡等物品，举办茶话会、联欢会等活动，抓住节日关怀的契机，疏导心理，传递温暖。

（二）落实落细生活关怀

华南理工大学把党和政府对家庭经济困难学生的关怀落实落细，面向家庭经济困难学生积极组织开展了"暖行、暖心、暖身、暖胃"等一系列专项行动。暖行，回家路因爱不再遥远；暖心，茶话会共迎新春佳节；暖身，防天寒发放冬衣补助；暖胃，齐欢乐尽享美味佳肴。这些活动为期盼返乡但无力购买车票的学生提供了路费补助，帮助他们顺利回家与家人团聚，使他们度过一个温暖祥和的寒假和春节。华南理工大学还组织留校家庭经济困难学生畅谈人生理想，共商学校发展大计；给家庭经济困难学生发放冬衣补助、提供勤工助学岗位；对除夕至大年初三留校学生提供免费用餐等；在微信公众号上发布寒假生活指南，温暖人心。

第七章 广东高校资助育人保障

十年树木,百年树人;百年大计,教育为本。高校资助育人工作是一个系统工程,建立健全学生资助政策体系,是党和政府高瞻远瞩、审时度势、顺应民意做出的重大决策,关系到教育公平、人民福祉和社会稳定。高校资助育人工作具有重要意义,能让家庭经济困难学生在大学期间充分得到来自政府和社会的支持和关心,还能通过各级资助管理部门有针对性的思想道德教育让家庭经济困难学生的精神水平得到提升,推动学生成长成才。高校资助育人工作的顺利开展和不断完善,需要一整套与之相匹配的体制合力运作。近年来,广东高校资助育人工作取得较大的发展和突破,建立起完整有效的学生资助政策体系,并实现从单纯助困向综合育人发展,有力促进了教育公平和教育事业的发展,而这些都有赖于其组织保障、制度保障、人员保障、物质保障四个维度的共同作用。广东从组织机构、制度建设、人员培养、物质资源等多方面优化资助工作流程,提高高校资助资源转化效率,为高校资助育人工作提供各类重要的保障。

第一节 资助育人组织保障

组织建设是事业发展的基石和关键,缺少良好的组织建设难以维系日常工作的正常运转。广东高校资助育人工作的开展离不开扎实的组织建设。近年来,广东省政府和各高校积极加强与完善资助育人的组织保障,包括健全各级资助育人组织建设、完善高校资助育人组织机构,通过多方配合、共同努力,其组织机构建设初显成效,有效提高了广东高校资助育人工作的质量与水平。

一、健全各级资助育人组织建设

经过多年的努力,广东高校资助育人工作建立起强而有力的组织保障。2000年,经广东省机构编制委员会批准,成立"广东省学生贷款中心",2004年更名为"广东省学生助学工作管理中心",机构性质不变而扩充职能,将高校的学生奖助学金、助学贷款以及相应信息系统建设纳入中心工作职责范围。2017年,"广东省学生助学工作管理中心"调整为广东省教育厅学生助学工作管理办公室,为厅内设行政处室。在全国学生资助管理中心和广东省教育厅的指导下,广东省教育厅学生助学工作管理办公室不断完善其组织建设,高校资助育人主要开展三大方面的工作。一是组织统筹协调全省学生资助工作;二是协助开展国家助学贷款的发放、使用和回收;三是审核高等教育年度资助贷款计划,管理省财政拨付的贷款贴息经费和风险补偿专项经费。

各区、县政府主管教育部门按照有关文件的要求,在广东省政府的指导下,成立了由教育局局长或分管副局长任组长的学生资助育人工作领导小组。同时,各区、县政府主管教育部门积极改善各级学生资助管理机构的办公条件,加大资助育人业务经费的投入,还制定了区、县学生资助工作的管理办法和实施条例,专人专职管理高校资助育人工作,并按上级部门的要求加强资助工作的业务培训。截至2016年12月,全省21个地市、122个县之中,学生资助机构设置情况如下:地市方面,有3个地市注册了独立法人学生资助管理单位;县级方面,有4个县成立了独立法人学生资助管理单位,有98个县设立了学生资助管理的专职机构,有20个县指定专人负责学生资助管理工作。地市成立了学生资助管理机构的占比为85.71%,县级成立了学生资助管理机构的占比为83.61%。[①] 学生资助管理机构的健全为高校资助育人工作提供了至关重要的组织保障。

---

① 广东省教育厅,广东省学生资助发展研究课题组. 广东省学生资助十年发展研究报告(2007—2016年)[M]. 广州:中山大学出版社,2017:203.

广东省政府积极协调相关部门，统一认识，步伐一致，齐心协力共同做好资助育人工作。一是广东省努力统筹加强财务、审计、纪检、学生资助等处、室（科、室）合力，确保助学政策落实的一致性，确保受助学生人数统计的准确性，确保资助信息报送的完整性。二是与财政部门紧密合作，落实好各项配套资金。三是与其他部门如银保监会、金融等密切联系和通力合作，确保各项资助政策落到实处。①

二、高校资助育人组织机构

在国家和广东省政府的指导下，广东各高校扎实开展学生资助工作，不断创新资助工作形式，学生资助育人体系在广东高校初步构建并形成一定的组织保障。各高校加快建立了由学校领导任组长的学生资助育人工作领导小组，设立了办事机构，指派专人负责校内资助工作，制定了学生资助工作制度与操作流程，确保学生资助育人工作宣传到位、政策到位、管理到位、资助到位。

以华南师范大学为例，华南师范大学一贯重视学生资助工作，在具体工作中注重完善资助育人的组织机构。华南师范大学从维护学生资助工作的大局出发，早在2006年7月就成立了学生资助管理中心，统一归口管理全校的国家助学贷款、奖学金、勤工助学、特殊困难补助、学费减免等资助家庭经济困难学生工作。为进一步完善资助育人组织机构，2015年4月，学校学生资助管理中心在原有基础上成立学校奖助贷勤工作领导小组，由校党委副书记任组长，学生工作部（处）、研究生工作部、财务处、校团委负责人任副组长，统筹指导全校学生资助工作。学生工作部（处）和研究生工作部专门设置科室，配备专职工作人员，安排所需的办公场所和工作经费，专门负责全校学生资助的具体业务工作。在学院层面，各学院成立由主管学生工作的副书记、辅导员组成的学生工作组，具体负责学院的学生资助工作。全校形成了一个由学生奖助贷勤工作领导小组，学生工作部（处）、研究生工作部和学院学生工作组构成的三级管理机构，保证了学生资助工作有条不紊地开展。

---

① 广东省教育厅，广东省学生资助发展研究课题组. 广东省学生资助十年发展研究报告（2007—2016年）[M]. 广州：中山大学出版社，2017：203.

第二节 资助育人制度保障

无规矩不成方圆,遵循制度能促进事物有效运转,是事业成功不可或缺的条件。资助制度的建立和完善是高校资助工作持续、有序开展的根本保障,只有通过有效的制度建设才能更加规范和完善。[①] 同样,广东高校资助育人工作的顺利开展,有赖于一系列相关制度机制的严谨出台与合理运作。广东各高校从宣传机制、监督机制、考核机制、精准运作机制四个方面入手,加强资助育人工作的制度建设,为高校资助育人工作添砖加瓦,有效提升家庭经济困难学生的资助育人效果。

一、宣传机制

为确保高校资助育人工作的有序开展和工作水平的有效提升,广东省政府相关部门和高校认真加强学生资助宣传力度,扩大宣传效果。为深化宣传学生资助育人政策,提高广大学生对资助政策的知晓率、满意率和支持率,使学生和家长及时了解国家资助政策体系、资助工作实施进展情况。同时,为努力营造社会关心、支持、参与学生资助育人工作的良好氛围,切实提高家庭经济困难学生资助育人工作水平,促进广东省高等教育事业健康发展,广东高校资助育人工作建立健全长效的宣传机制,通过加强宣传队伍建设、完善宣传制度、打造宣传品牌、创新宣传载体、紧抓政策宣传等多形式、多层次、多方位的工作,开展内容丰富的资助政策和资助成效宣传活动,提高全社会对高校家庭经济困难学生资助育人体系的思想认识,使资助育人政策工作家喻户晓、深入人心、落到实处。

(一)加强宣传队伍建设

广东高校资助育人工作建立了一支专兼结合的学生资助队伍,吸收政治觉悟高、业务能力强、爱岗敬业的教师和学生从事宣传工作,利用学习讨论、政策研究、培训指导等方式不断提高对资助政策的认识和业务能力,

---

① 黄建美,邹树梁. 高校资助育人创新视角:构建多维资助模式的路径探析[J]. 中国高教研究,2012(4):83.

大力加强各级学生资助管理机构工作人员和各级各类高校资助管理人员的能力建设，使他们能够正确理解和运用政策。同时，采取有力措施，形成上下联动、立体多维、持续有效的高校资助育人宣传工作新局面。

（二）完善宣传制度

一方面，广东完善高校学生资助信息发布制度和年度报告制度，推动高校学生资助信息公开的常态化、规范化、制度化。国家公布学生资助政策以及相关信息后，及时协调重要新闻媒体，在重要时间与版面对消息进行报道，让学生和家长、社会各方了解相关政策。[①] 另一方面，广东努力健全学生资助育人宣传工作体制。广东省教育厅学生助学工作管理中心负责制定年度学生资助育人宣传工作方案，指导各地级市和所属高校开展资助政策宣传工作。各地级市和所属高校负责制定及落实本行政区域和单位资助宣传工作方案，严格按照规定的工作程序开展宣传，层层布置，逐级落实，确保学生宣传工作落到实处。

（三）打造资助宣传品牌

"学生资助政策下乡行"活动作为广东省教育厅组织的学生资助政策宣传品牌活动，自2012年起已连续举办六年，宣传范围已经覆盖全省，"下乡行"志愿者师生近万人，发放宣传资料、调查问卷数十万份，志愿者的足迹遍布千家万户。2016年6月2日，广东省部署2016年"国家资助和助学贷款下乡行"活动相关工作，全省各地共有67所高校、134支队伍、1 428名指导老师和学生，分赴广东省各县区的124个乡镇、144个村，宣传重点倾向广东省经济欠发达地区和扶贫开发重点县、少数民族地区，消除宣传盲区和工作死角，通过在集市中摆摊宣传和提供咨询服务、入村入户进行政策宣讲和助学贷款政策调研，深入广东省乡村宣传高校资助育人政策，将国家资助育人送到最有需要的贫困家庭，有效缓解贫困的代际传递问题。

---

① 中华人民共和国教育部. 教育部 财政部关于进一步加强学生资助政策宣传工作的通知 [EB/OL]. （2015-08-13）[2019-06-01]. http://www.moe.gov.cn/srcsite/A05/s7505/201508/t20150817_200574.html.

（四）创新宣传载体

广东省双管齐下，不仅全面利用电视、广播、杂志报纸等传统媒体，更充分发挥了微信公众号、门户网站等新媒体的作用，建构起涵盖面积广、运行效率高的资助信息传播体系。各地各校多方联动，广泛利用各类媒体作为宣传载体进行政策宣传，努力提高群众对资助政策的知晓率。广东在《人民日报》《南方日报》等媒体开辟专栏介绍资助政策，同时，制作了学生资助公益宣传片在网络和电视台滚动播出。2016年6月，广东省教育厅联合广东广播电视台现代教育频道拍摄制作助学贷款公益宣传片，在现代教育频道、腾讯网等平台播出，同时，发动各地各校及时下载宣传片，安排在当地媒体、相关网站、微信公众号平台、学校多媒体等媒介进行播放，加大资助政策宣传的力度。另外，广东省教育厅和各地市教育局在门户网站和官方微信、上线电台、电视台上系统宣传政策，介绍助学成效，解答咨询。

（五）紧抓政策，宣传"早、全、精"

广东在高校新生入学之际，举办各类国家资助育人政策宣讲专题讲座、班会等，对资助政策的内容进行介绍，让家庭经济困难学生减轻心理负担，专心读书。在高校的报考指南和报考目录中刊登国家资助政策介绍，在高校录取通知书里发放《高等学校学生资助政策简介》。例如，2016年6月，向全省高校发放《高等学校资助政策简介》64万册，确保当年秋季被录取的全日制本专科（含高职）新生人手一册。针对特定的对象进行细致分类、解读政策，增加学生对政策的认识。再如，建立大学新生帮扶机制，辅导员和高年级学生利用QQ群、微信群介绍国家生源地信用助学贷款、大学新生资助、国家奖助学金政策等，口口相传，促进资助政策深入人心。

二、监督机制

建立和完善监督机制是高校资助育人工作的关键，是提升育人工作成效的有效保障。为建立健全运行监督机制，充分实现其育人效果，资助育人工作需要有持久、长效的监管保障，建立健全大学生资助工作的事前、事中、事后监督机制。主要内容包括：对象认定、对象日常生活情况、评定过程、评定方式、受助对象的资金使用情况、个人信用状况等等内容。[①] 广东高校资助育人工作注重加强管理,以查促建,加大高校资助督导监管力度,监管所辖大学生资助机构、相关高校建立结构合理、配置科学、程序严密、监督有效的学生资助工作运行机制,并规范监督管理,建立省、校、院(系)高校学生资助管理体系;明确分管领导、高校资助部门负责人的责任,建立责任追究制度;建立专项检查、专项审计、绩效评价和社会监督(举报电话)等系列监督管理机制。做到用制度管权、按制度办事、靠制度管人,防止滥用权力和以权谋私的现象发生,推进高校资助育人工作水平的有效提高。

(一)加强对高校资助育人相关部门人员日常工作的督查考核

广东省政府相关部门和各高校通过召开培训会、专项工作会议、视频会、约谈会、评审会、开学检查、信访接待、专项督查、联合检查等形式,及时发现问题,督促各项高校资助育人工作的全面落实。例如,华南师范大学畅通资助工作的监督关,在学生工作部(处)网站主页固定栏目和每一项资助项目的评选通知中,公开联系人、工作电话和邮箱,接受广大学生和社会资助人的咨询、意见和建议,并设置专人负责及时回复、解答、处理以上反馈信息。学校财务部门或资助单位还可通过受助学生本人或其他途径对资助项目的评选和资助金的发放过程进行全程监控。

(二)建立对受助学生的监督考核机制

监督考核机制作为一种显性的规则条文,能够有效防止受助学生不良行为的出现,并督促其恰当使用奖助学金、将精力投入到学习当中。高校应当对受助学生的行为进行持续的关注,进行检核。广东各高校从自身实际出发,设计受助学生监督核查表。表格将受助学生的学习情况、课堂出勤率、社会实践次数、奖惩情况等囊括其中,并且规范每一项内容所占的比例与分数,以此为准量化考核受助学生的表现,并在每一学期末对情况进行汇总,使学校及时获知受助学生的各方情况,以预防、发现和解决问题。积极引导高校学生参与公益活动是党和政府一直以来倡导的教育主方

[①] 张春玲. 提升资助育人工作效果探索 [J]. 理论观察, 2013 (4): 123 – 124.

向，也是高校培养大学生的重要途径。受助学生参加校内外公益活动的过程，是学生社会责任感和感恩奉献意识不断增强的过程。广州大学自2011年5月起，在广东省高校率先实行受助学生"公益积分管理办法"，通过大力开展"公益积分，让爱飞翔"项目，引导、鼓励受资助的学生积极参与，形成"人人为我，我为人人"的意识氛围。

（三）完善学生家长监督机制

广东高校资助育人工作积极加强与学生、家长的紧密联系，建立投诉咨询热线，全面开通"省、市、县、校"四级学生资助管理部门和学校资助工作咨询热线电话，在媒体、公共网站以及单位主页上公布接受咨询投诉，及时处理、通报和反馈学生与家长反映的情况。

三、考核机制

除了完善高校资助工作的监督机制，为日常资助育人工作提供持续的保障外，高校资助育人考核机制建立与发展的扎实与否也是资助育人工作能否取得良好成效的重点所在。为此，近年来广东努力建立相关监督考核机制，制定专项工作考评办法，加强资助育人工作的监督检查。从2015年开始，广东省开展学生资助工作的绩效评价，积极引导并规范各地学校全面贯彻国家资助政策，不断提高高校资助育人管理水平，为资助育人工作的开展保驾护航。

2016年4月1日，广东省教育厅印发《广东省学生资助工作绩效考评办法》（粤教助〔2016〕1号），采取材料审核、问卷调研、工作抽查等方式对各地级市、普通高校、省属学校进行绩效考评。广东高校资助育人工作绩效考评从条件保障、制度建设、政策落实、资金管理、信息管理、监督检查、宣传教育、附加考评（工作创新、工作配合）等8个方面，同时包括65个三级指标和100多个考评点，结合日常工作和数据报送等，全面、客观地考核高校学生资助工作的成效，并将考评结果作为教育厅对高校划拨财政奖补资金的重要依据之一，以此全面促进高校学生资助工作全面制度化、规范化、科学化，推动建立健全学生资助政策体系。根据广东省2015年度学生资助工作绩效考评结果，全省共有132所高校参评，其中，

44 所高校获得了优秀，另有 3 所高校被评为"不合格"。长期以来，广东狠抓高校资助育人的考核工作，积极探索，强化示范，切实推动资助育人工作水平的提升。

广东各高校积极响应省教育厅对资助育人考核工作的要求。为使资助工作绩效考核工作有效落实，广东技术师范大学设立学校资助工作绩效考核工作领导小组、二级学院助学工作绩效考核工作小组等保障机构；设立助学工作科、校区学工科为考核材料整合实施小组；设立二级学院专项资助育人工作辅导员为考核工作一线经办员；设立学生资助育人工作校级管理小组、二级学院资助育人工作管理小组、班级助学委员为政策宣讲员。这些机构团队为广东技术师范大学资助工作绩效考核工作有序开展提供有效的人力保障。

四、精准运作机制

体制机制建设是确保学生精准资助工作制度化的根本保证。① 近年来，广东各高校在党和政府的热切关怀和指导下，积极探索高校资助工作新思路、新方法、新模式，在贯彻落实建立高校资助育人工作精准运作机制方面取得了一定的成绩，极大提升了资助力度，大幅提高了资助标准，凸显了资助成效，使学生和家长的受惠程度得到最大化。

2016 年，广东省教育厅严格按照教育部的要求，落实十八届五中全会和中央扶贫开发工作会议精神以及 2016 年全国和广东省教育工作会议工作部署，牢牢围绕教育和扶贫中心任务，以精准助学为主线，以立德树人为统领，统筹协调，精细管理，不断提高学生资助水平，逐步探索出一条具有广东特色的高校资助育人精准运作机制的新路径。同时，广东省立足于精准发力，集中优势"兵力"，聚焦问题反映，简化程序、直奔主题，以问题为导向，紧盯重点人、重点事和重点问题，做到精准发现、定点突破，提高资助工作的针对性和实效性，力争能够起到"立竿见影"的效果，闯出一条符合广东省资助工作实际的可持续发展道路。

---

① 杨晓慧. 关于新时期高校学生精准资助工作的思考［J］. 中国高等教育，2016（9）：22 - 25.

(一) 力求资助对象更加精准

资助对象更精准的前提是做好家庭经济困难学生的认定工作。广东省在家庭经济困难学生认定工作上，要求相关部门积极联动，研究制定学生经济状况评估办法，为家庭经济困难学生的识别提供统一的、客观的、可操作的、简易的工具，坚决杜绝"轮流受助"现象的发生。

(二) 力求资助力度更加精准

结合广东省的实际情况，根据学生家庭经济困难程度分档发放资助资金，加大对高校家庭经济困难学生资助力度，避免出现"平均资助"的现象。一方面，落实教育精准扶贫方案，建档立卡。2016年10月，广东省教育厅出台《关于推进教育精准扶贫精准脱贫三年攻坚的实施方案》，切实落实好中央和广东省教育精准扶贫实施方案，明确补助对象和补助标准；以数据为基础，制定建档立卡学生补助资金安排方案；加强部门协调，共享数据信息，精准确定补助对象；调研建档立卡学生补助发放工作；加强信息安全，严防信息泄露。另一方面，提高资助标准，督办政府民生实事。此外，"固定动作"和"自选动作"相结合，除了国家、全省政策的"固定动作"外，广东省各地各高校依据市情校情，因地制宜、"自选动作"制定高校资助育人政策，扩大资助面，加大资助力度。

(三) 力求资助资源配置更加精准

结合广东省情，彰显政策的公平性，在高校资助育人精准运作机制的顶层设计和实施过程中，注重向农村地区、贫困地区、民族地区、特困群体、特殊群体和特殊专业给予政策倾斜，制定"广东特色"的专项资助政策。一方面，摸清情况，明确比例。摸清广东省家庭经济困难学生尤其是建档立卡、残疾、特困救助等学生的数量和比例。另一方面，优化名额，倾斜分配。主要向以民族院校及涉农学科专业为主、家庭经济困难学生较多的高校等培养单位倾斜。还有资助育人工作的精准运作机制要统筹考虑，科学配置。充分考虑不同学科专业、培养层次、学生经济困难等因素，科学配置资助资源，把有限的财政资源配置到"刀刃"上，杜绝"平均分配"现象。

(四) 力求资助管理更加精细

实现精准运作机制有效运转，要落实好中央、省、市学生资助政策，全面规范学生资助工作管理,加强对高校学生资助育人工作落实情况的监督检查。一是联动部门,各司其职,合力齐资助。发挥好政府、学校、社会的不同功能,紧密联系教育部门、财政部门、金融机构等,协同作战,强化各级政府在学生资助育人中的责任,落实市、县(市、区)配套资金,落实学校资助经费,建立校内资助经费与国家资助经费联动机制。二是提高高校学生资助工作信息化管理水平。当前大数据时代为建立精准学生资助工作机制提供了可能性。家庭经济困难学生认定是一个错综复杂的系统工程,需要现代信息技术及网络平台提供强有力的数据支撑,以满足学生资助管理机构管理、跟踪、调查和分析的需要。[①] 在资助系统的基础上,广东继续开发和部署广东省学生资助信息管理系统的各功能模块和子系统,使之成为资助政策宣传、困难学生精准识别、资助资金监管的有效手段。

(五) 力求资助制度更加规范精细

高校资助育人精准运作机制的有效性和持久性,离不开制度的完善与严格管理。以华南师范大学为例,2007—2016年以来,学校从建立健全学生资助工作制度入手,先后制定和修订了一批规章制度,明确了工作职责,优化了业务指导,有效促进了资助工作制度化、规范化,保障了学生资助工作的有序开展。为进一步统筹好各项工作管理办法,华南师范大学出台了《全日制本科学生资助体系实施方案》,配套制定和修订《华南师范大学优秀学生奖学金评选办法》《华南师范大学全日制本科毕业生荣誉奖学金评选办法》《华南师范大学全日制本科学生临时困难补助管理办法》《华南师范大学学生创新奖评选办法》《华南师范大学国家助学贷款实施办法(修订)》等多个资助项目实施办法,为实施精准工作机制提供了制度保障。

统筹协调,精细管理,才能建立健全高校资助育人精准运作机制。广东省未来将继续在五个方面加快高校资助育人精准运作机制的完善和提升。一是健全工作机制。大力做好机构建设工作,理顺工作机制,进一步完善"省、市、县、校"四级学生资助育人管理工作指导机制,加强部门协调联动机制。二是确保政策覆盖到所有高校。做到高校"不漏一校",项目"不

---

① 吴丽仙. 建立精准学生资助工作机制研究 [J]. 教育评论, 2015 (9): 46-49.

漏一项",政策宣传"不漏一人"。三是统筹各项政策。特别是高校,统筹整合各层面政策,根据不同资助项目特点,因地制宜,有序安排,精准投入。四是统筹发挥好政府、学校、社会功能。强化各级政府、高校在学生资助育人中的责任,落实市、县配套资金。切实落实学校责任,充分发挥校内资助经费的作用。五是统筹兼顾好有偿与无偿资助项目。

第三节 资助育人人员保障

高校家庭经济困难学生资助工作专业化具有两层含义:要求管理部门和机构实现专业化的分工;要求资助工作人员要有胜任岗位的专业知识和技能。① 高校资助育人工作需要建立一支优秀的团队与队伍,为资助育人工作的开展提供强而有力的人员保障。因此,近年来广东高校努力推进校内资助育人专职人员队伍建设、院系资助人员队伍建设和全省学生资助工作专家库智库建设,培养与打造一支支强大的高校资助人员队伍,为广东高校资助育人工作提供源源不断的动力。

一、高校校级资助人员队伍建设

学生资助工作队伍建设是高校做好家庭经济困难学生资助工作的组织保证。高校学生资助工作队伍建设有利于高校资助工作开展与育人效能的提高,有利于国家资助政策的落实。② 资助育人专职人员队伍是发展学生资助育人工作的重要影响因素,只有重视人才培养,才能为学生资助育人工作的可持续性发展提供坚实的人力保障。因此,各高校资助育人专职工作人员队伍建设显得尤为重要。

广东省积极加强高校内部资助育人专职人员队伍建设,由广东省资助中心发起,要求各高校在年度资助工作总结中除了物质资助外,还要总结资助育人的内容,并遴选出工作成绩突出、富有特色的高校在总结大会上展示经

---

① 李贵平. 高校贫困生资助的发展性对策 [J]. 教育评论,2014 (1):72 – 74.
② 蔡颖. 高校学生资助工作队伍建设研究 [J]. 当代教育理论与实践,2014 (7):69 – 70.

验。另外，将成绩突出的高校在资助育人工作上的做法汇编成册，下发到各个高校，并将其内容通过省教育厅微信公众号进行推送，扩大影响。通过更为规范高效的工作要求，以及优秀案例的经验分享，资助工作的育人理念在高校专职人员的心里生根发芽，并在今后的工作中得到贯彻执行。

高校资助队伍人员是资助育人工作开展的生力军和主心骨，这就要求专职人员的综合素质不断提高，为此，必须加强高校资助工作人员业务培训。广东各高校积极组织校内学生资助工作人员认真学习和掌握国家有关教育的政策文件精神，把握资助政策新动态、学生新情况、助学新方法，开展各类高校学生资助机构的业务培训，包括举办各类资助工作培训班、开展试点工作等，增强资助队伍的业务能力，提高其资助水平。

高校的校内资助育人专职人员队伍建设，离不开对资助育人工作队伍和人员的时刻监督与定时考核。广东各高校积极加强对资助育人队伍与人员的考核监督，为高校资助育人提供坚实有效的保障。近年来，广东高校加强完善考核监督制度，规范监督管理，努力提升高校资助育人水平。

从事学生资助育人工作的一线辅导员和学生工作部门管理人员具有较为完整的理论知识和丰富的学生工作经验，广东重视加强高校资助工作队伍的科研能力，鼓励资助工作人员综合经验探索和具体实践，开展资助理论和模式研究，使理论与实践相互促进。广东深化对资助育人工作的理论研究，自2015年起，广东省教育厅推出了"广东省高校学生资助育人提升计划"，高校能以资助育人工作中的重大问题作为课题项目进行申报，并予以相应的经费支持，共有数十项研究课题成功立项，有利于提高广东资助育人工作的科学性，有效推进广东省高校学生资助研究成果广泛运用，推动资助工作人员的科研能力迈上新台阶。

广东省政府和各高校也重视发挥优秀资助人员的典型示范作用，通过选拔、树立和表彰典型先进的高校资助队伍和人员，强化激励引领效用。在省教育厅和各高校的精心组织和指导下，广东省奖学助学工作专业委员会理事长单位具体承办广东省"百佳学生资助工作单位典型和个人典型活动"，每年从中评选出100个学生资助工作单位典型和100名学生资助工作者典型，并从中遴选出最优秀突出的单位典型和个人典型，推荐到教育部进行全国评选。每年都有不少来自广东不同高校的优秀资助队伍和个人获得表彰。资助工作的评选精心筹划、选树典型，立足基层、面向一线，旨在挖掘和推广广东省各地各高校的先进经验，展示风采，引导基层资助工作者对照身边先进典型找差距，提振精气神、展示新作为，努力营造"学有榜样、做有标杆、干有方向、赶有目标"的良好风尚，充分激发了广大高校资助育人工作者"撸起袖子加油干"的工作热情，为广东省高校学生资助育人工作增光添彩。

一直以来，华南师范大学严格按照"政治强、业务精、纪律严、作风正"的选人用人标准，坚持"德才兼备和全面发展"的原则，选聘包括辅导员在内的学生资助工作队伍，以专业化、专家化、职业化发展作为资助工作队伍建设的重点和目标，着力提升学生资助工作水平。

一方面，华南师范大学重视资助工作队伍建设。一是配齐工作人员。学校学生奖助贷勤工作领导小组成员由分管校领导、职能部门负责人及各业务工作人员组成。学生工作部（处）和研究生工作部设有专职人员负责研究生资助工作，此外还有技术人员负责学生工作信息管理系统的技术支持。二是强化校本培训。华南师范大学坚持每周二的学生政工干部学习制度。每周二上午，学生政工干部"紫荆学习论坛"和辅导员沙龙交替进行，着重拓宽辅导员视野，提升眼界，邀请专家介绍本学科领域的前沿资讯及学科发展对社会的影响。三是组织资助工作人员外出参加各类培训。如按要求选派学生资助工作人员参加广东省国家开发银行高校助学贷款业务培训会议、广东省学生资助工作研究会筹备会议等省助学中心组织的资助业务会议及培训。四是开展国内外交流，开阔工作视野，汲取其他高校学生工作的先进经验。据统计，2007—2016年以来，华南师范大学出国学习和交流的人员有80余人次。

另一方面，辅导员队伍是学生资助工作的主力军，华南师范大学重视辅导员队伍建设，采取了一系列有效措施。一是科学化管理。坚持使用全职在编资助工作人员，优先保障辅导员队伍选人用人需求；合理配足辅导员，使辅导员队伍覆盖班级年级日常建设管理、党团建设、心理辅导、职业发展指导等工作领域，形成"矩阵式"配置；完善评优机制，发挥先进典型示范效应。二是专业化培养。建立岗前集中培训、日常工作沙龙、职业技能竞赛、专题学习论坛、国内外交流等全方位多层次的培训体系；推行"辅导员进修项目"，支持辅导员攻读与思想政治教育相关的高级学位；搭建辅导员研修平台，以教育部辅导员培训和研修基地（华南师范大学）、全国高校思想政治课教师社会实践研修基地为依托，成立辅导员工作室，开展理论研究、提供学生个性辅导、促进团队成长。三是多样化发展。辅导员具有教师和党政管理干部"双重身份"，实行专业技术职务评聘和行政职级晋升"双线晋升"政策，在职称评定方面予以倾斜，在提级晋升方面予以照顾，机关干部选拔优先考虑优秀辅导员，干部提级辅导员单列；倡导职业化发展，鼓励他们成长为职业指导师、创业培训师、心理咨询师等职业型、专家型的学生思想政治工作者。

广东技术师范大学积极加强校内资助育人工作团队建设，开展各类培训、考核，推动资助育人工作人员水平的提高。学校设有辅导员协会，下设助学等分会，构建多层次、多渠道、多形式、重实效的工作格局，推动辅导员队伍建设的同时，促进专项业务提升。结合考核工作的要求，充分发挥辅导员协会助学分会理论研究与业务实践的优势，在校内开展迎评业务专项培训的同时，提炼品牌项目和理论文章素材，借力考评，促成资助育人工作有深度、有内涵、紧跟社会发展需求。为了让资助工作绩效考核规范有序，充分发挥资助育人工作"资料包"的优势，认真落实迎评常规工作安排、工作流程、工作注意事项、工作预案等。同时，依托迎评，及时更新"资料包"，与时俱进，帮助一线工作人员熟悉考评业务模块，做到心中有数，心中有杆尺，保证工作有序开展、有效传承。

广东财经大学提出"三三五"工作框架，理清工作思路，提高工作效率，在网站开辟助学工作专栏，利用"辅导员论坛"平台，研讨助学工作，采取"两时三点，一线贯通"大力宣传资助政策。

岭南师范学院为鼓励学工人员积极开展学生资助工作研究，设立学生资助专项课题。

广州城市职业学院为提升工作人员思想认识和业务能力，坚持每月在辅导员例会上对全体辅导员开展助学工作业务培训。

二、高校院系资助人员队伍建设

高校院系在学生工作中起着至关重要的作用。高校院系是高校推行高等教育任务的二级单位,有较为完整的党、政、工、团基层组织,有与学科发展相适应的专任教师和研究者团队,是国家和学校各项政策的宣传者,也是各项具体工作在院系落实的策划者、组织者和执行者。高校院系的教育对象是大学生,院系的教师直接与学生接触,不但向学生传授科学文化知识,而且他们的思想、道德、品质和人格给大学生以潜移默化的影响。高校院系作为高校开展学生资助育人工作的基层单位,起着十分重要且关键的作用。为此,必须加强对各院系资助人员队伍的建设。广东不少高校成立了学院(系)学生资助工作领导小组,构成学校、院系、班级三级联动,形成合力,保障高校资助育人工作的开展。

广东不断加强对各高校院系资助人员的培训与队伍建设。由学校资助中心主导发起,在强调稳定资助育人人员队伍至关重要与不可或缺的同时,广邀各方校内外专家对专职辅导员的资助工作进行指导,助其树立起资助育人的理念,并进一步深化业务能力,仔细核查各项指标要求,调动各学院资助育人工作干部队伍的积极性,通过结对帮扶、交叉检查、重点培训等方法,对各二级学院认真排查,对考核工作的薄弱环节、模糊不清的部分分类认定,做到精准帮扶与服务。考核与表彰应强调育人内容的比重,注重对资助工作先进个人进行表彰,以激励辅导员更为认真地工作。

各院系资助人员队伍建设是推行资助工作的主体,而其队伍建设对高校资助工作起着决定性的作用。院系作为资助工作的实践者,其资助工作队伍和人员需具备较高的综合素质和专业能力,充分分析当前工作实际,构建符合学生实际特点的精准化资助工作模式,从而最终达到资助育人的目的。通过资助工作队伍建设,让工作人员明白,资助育人工作不仅仅是资助的评定和发放,资助育人工作的核心是育人,资助育人工作的最终目的是学生的成长成才,同时,在工作理念转变的基础上,通过相关培训,掌握常见的育人手段和方法,进而扎实推进资助育人工作。①

---

① 纪书燕,林叙群.高校资助工作育人成效的保障机制研究[J].湖北经济学院学报(人文社会科学版),2016(1):165-167.

三、全省学生资助工作专家库智库建设

提升高校资助育人的水平与成效需要各方专家的智力支撑和人才支撑。近年来,广东全力推进全省学生资助工作专家库智库建设,为高校资助育人工作提供必要的指导与帮助。为更好地落实国家和省的学生资助育人政策,规范学生资助管理工作,提高全省学生资助管理整体水平,充分发挥专家的作用,根据《广东省教育厅建立学生资助工作专家库的通知》,2017年12月,广东省教育厅建立学生资助工作专家库。在各地、各单位推荐的基础上,省教育厅经过遴选公示,确定了广东省首批学生资助工作专家库入选专家共368人。学生资助工作专家作为广东省教育人才的重要组成部分,积极为广东省学生资助制度制订、规范管理、理论研究等提供咨询论证和智力支持。全省学生资助系统充分发挥专家在学生资助工作中的引领、示范和决策咨询作用,充分利用专家智囊优势,有效提高全省学生资助工作科学化水平。①

围绕全省学生资助工作专家库智库建设,广东省政府实施和采取了多项措施,打造全方位、有深度的资助育人智库。一方面,积极邀请各高校、地市资助育人工作专家和业务骨干,组建全省学生资助工作专家库,为全省资助工作专项研究、资助工作督察提供智力支持,为不断完善全省资助政策理论建设提供智慧支持。另一方面,建立健全集技术和政策专家为一体的专家库运行机制,合理利用"互联网+"和大数据技术,建立一支"强核心、大协作、开放式"的集科技与政策专家为一体的专家库网络,组织开展资助工作学术交流,搭建全省乃至全国高校资助育人工作经验交流研讨平台,扩宽高校资助育人工作理论与实践研究视野,推介全省乃至全国高校资助育人工作成效,促进资助育人工作水平不断提高。

全省学生资助工作专家库智库建设成为推动高校资助育人工作改善与提升的有效途径,是政府、群众、专家学者三方沟通咨询交流资助育人工

---

① 广东省教育厅. 广东省教育厅关于公布我省首批学生资助工作专家库入选专家的通知 [EB/OL]. (2017-12-13)[2019-06-01]. http://www.gdhed.edu.cn/business/htmlfiles/gdjyt/tzgg/201712/515370.html.

作的良好平台。首先，资助育人研究与工作的有关专家学者积极探索承担政府课题，参与政府工作决策咨询，为省政府和教育厅提交高质量调研报告，为政府资助育人工作出谋划策，推动高校资助育人工作的开展。其次，社会群众对资助育人工作开展的建言献策，同样可以通过专家们进行反映，专家将从中吸取群众提出的有益意见进行归纳整合，进一步向政府反馈，从而提升高校资助育人的工作水平。

此外，广东学生资助工作专家库智库建设有利于集中全省各地各高校专家人才的智慧与经验，定期汇编研究成果，及时总结各地各高校资助育人工作经验、创新手法和应用行动研究模式。同时，智库建设有利于创新型、探索型资助育人模式的实施，理论模型的设计、执行过程的跟进、成效评估、推广应用，实施全过程跟踪研究，助力全省资助育人模式的创新研发与成果的转化，不断丰富广东高校资助育人的经验和内涵。

第四节　资助育人物质保障

2007 年以来，广东高等教育阶段资助育人政策不断完善，并配套制定专项资金管理方法。广东省以国家"加大财政投入、经费合理分担，政策导向明确、多元混合资助，各方责任清晰"的基本原则，高校学生资助制度设计不断系统化，初步建立起以政府资助投入为主，学校自筹资金，吸纳社会资金为辅的投入机制，济困与奖优结合，中央和地方经费合理分担的机制。① 广东通过金融手段扩大资助覆盖的"奖、助、贷、勤、减、补、免、绿色通道"一体化的资助体系，资助资金连年增长，建立起长期有效的高校资助育人物质保障。

一、保障各级财政资金投入

高校资助育人是保障高等教育机会公平、过程公平、结果公平的重要工作，长期以来受到国家和省市各级政府的高度重视。广东省历来高度重

---

① 张潞浯. 广东高校家庭经济困难学生资助政策探索 [J]. 湛江师范学院学报，2013 (4)：153-156.

视高等教育发展与学生资助育人工作，始终坚持贯彻党中央、国务院的决策部署，不断完善资助育人政策体系、保障资助资金投入、推动资助政策实施，为广东高校资助育人提供强而有力的物质保障，基本使所有学生免于因家庭经济困难而失学。

（一）资助规模不断扩大

截至2016年，全省各级教育阶段资助育人的人数达到了316.69万人，与2007年的164.68万人相比，增幅92.31%。其中，高校本专科阶段资助育人人数保持稳定增长，2007—2016年广东省高等教育本专科生阶段累计资助学生279.06万人，各级财政累计投入78.73亿元，资助学生由2007年的18.19万人增长至2016年的34.5万人，增长了0.9倍。研究生阶段自2014年起，增幅大幅提升，较2012年增长近65倍。可见，越来越多的广东高校学生从国家以及广东省高校资政育人政策中受益，各高校也通过奖学金、助学金、学费减免、生活费补助、勤工助学等资助项目，确保"不让一个学生因家庭经济困难而失学"。①

（二）各级财政投入逐年增长

在学生资助资金投入方面，广东省各级政府将学生资助经费纳入财政预算予以保障，建立了资助资金各级财政预算、分担、拨付、发放机制。各级财政（含中央、省、市县财政）累计投入297.33亿元。2016年各级财政投入总金额58.02亿元，是2007年的6.41倍。在高等教育阶段，国家与广东省对高等教育的资助程度越来越高，从2007年到2016年，学生资助金额一直保持快速增长，累计中央财政投入13.55亿元，占比17.21%，地方财政投入65.18亿元，占比82.79%。2012年开始进行研究生教育阶段的资助，基本保持均衡增长的状态，从2012年到2016年，资金金额增长了约4.15亿元。2007—2016年，广东省高等教育本专科生阶段各类奖学金累计奖励学生41.23万人，奖励金额约21.18亿元。其中，国家奖学金奖励学生1.87万人，奖励金额约1.5亿元；国家励志奖学金奖励学生39.36万人，奖励金额约19.68亿元。广东省高等教育本专科阶段各类助学金累计奖励学

---

① 数据来源于广东省统计年鉴和广东省教育厅统计数据。

生 174.44 万人，资助金额约 46.47 亿元。全省高等教育本专科阶段国家助学金贷款（含校源地国家助学贷款和在学生户籍所在地办理的生源地信用助学贷款）累计发放学生 57.68 万人，国家助学贷款贴息补助共约 6.3 亿元。广东省研究生国家奖学金、学业奖学金和国家助学金资助研究生 15.93 万人，累计资助金额 10.24 亿元。其中，2014—2016 年研究生国家助学金资助 12.14 万人，累计发放 6.53 亿元；2013—2016 年研究生奖学金资助 3.79 万人，累计发放 3.71 亿元。① 国家与广东省通过加大高校资助育人财政资金投入，巩固广东高校资助育人的物质保障。

（三）资助范围逐步扩展

广东资助工作的对象群体日益扩大，高等教育本专科生和研究生阶段，通过不断完善奖学金、助学贷款、助学金、勤工俭学等资助体系，将家庭经济困难以及遭受临时家庭经济困难的对象纳入资助范围，实现入学前、入学时、入学后资助的无缝对接。高校学生资助育人范围的不断拓展，强化了广东高校资助育人的物质保障。

（四）资助标准稳步提升

从 2007 年开始，广东省高校资助育人根据高等教育发展目标和资助需求，逐步提高资助标准，或是以提高资助资金的数量，或是以增加资助项目的形式，确保高校资助育人范围逐渐扩大，让更多适龄学生能够享有优质教育。从人均资助金额看，在高等教育本专科生及研究生阶段，2007 年人均资助金额为 2 328.45 元，2016 年人均资助金额为 3 860.06 元，增长了 0.66 倍。

（五）落实精准资助工作

2007 年至今，广东省高等教育阶段已建立了"奖、助、贷、补、免、减"等多位一体的资助体系，并且积极落实精准扶贫、教育脱贫方略，2016 年更是启动了建档立卡学生精准资助工作，对高等教育专科阶段建档立卡学生实行免除学杂费，实施生活补助政策。当年精准资助建档立卡学生达到 0.62 万人，财政总投入 0.45 亿元。

---

① 数据来源于广东省统计年鉴和广东省教育厅统计数据。

广东高校学生资助育人工作顺应经济发展水平和教育改革发展要求，逐步完善资助政策体系，提高资助标准，回应资助需求，保障高校每一个家庭经济困难学生获得平等的教育机会，切实避免了因家庭经济困难而失学的情况发生，为广东高校资助育人构筑坚实的物质保障。

政府作为学生资助育人工作的主体，承担着高校资助育人工作的主要责任。目前，国家和广东省高校学生资助育人资金主要以各级政府经费为主，学校和社会资助为辅。因此，广东省目前计划并努力加强对高校学生资助育人发展趋势、资金规模的分析预测，根据广东省各地区经济发展水平，建立高校资助育人经费保障机制，完善省级统筹，合理配置高等教育资助资源。高校资助育人资金坚持向扶贫开发重点县、民族县、革命老区等粤东、粤西北地区和基础薄弱地区高校倾斜投放。

二、保障高校收入资金提取

经过多年发展，在广东省形成建立政府主导，学校、社会协调参与的高校资助育人格局中，在学校协同参与方面，广东高校积极落实按一定比例从事业收入中提取资助资金，用于减免学费、设立校内助学金和临时困难补助等资助项目以及根据学生综合表现的学校奖学金和勤工助学岗位等项目。据统计，2010年至2016年间，广东省高等教育阶段政府、学校、社会三方共计投入142.36亿元，其中，学校资助经费41.93亿元，占三方投入的29.45%。

2016年，全省各高校（不含部委属和深圳市属）共从事业收入中提取学生资助经费93 369万元，全省平均提取比例为4.5%，支出85 654万元。用于学生资助的社会资金共13 400万元。高校设立的奖助学金共资助学生76万人，金额60 048万元（其中高校学生资助经费47 783万元，社会资金12 265万元）。勤工助学固定岗位数和临时岗位数各4.7万个，受助学生29.2万人，资助金额18 392万元。①

华南师范大学认真贯彻落实国家出台的各项学生资助政策，在全校建

---

① 数据来源于广东省统计年鉴和广东省教育厅统计数据。

立起以"奖、助、贷、勤、减、补、免、绿色通道"为主体的多元化资助体系,确保了"不让一个学生因家庭经济困难而失学"。2007—2016年,全校本专科学生资助经费总投入5亿元,资助学生25.5万人次。其中,2016年发放各类全日制本科学生资助5 059万元,资助本科学生2.8万人次,与2006年相比,资助总金额增加2.2倍,受资助人数增加1.3倍,人均获奖受助金额增加51%。目前,全校2.5万名在校全日制本科生中,有近7 000名家庭经济困难学生,他们都获得了学校各类学生资助。

华南师范大学以全校奖、助、贷等6大类近60个资助项目为着力点,拓宽资助的外延和内涵,融入"大学工""全华师"全局视野中,形成了"情暖华师""榜样华师"两个具有学工风采、华师特色的资助工作品牌,筑牢了以发展能力为导向的资助体系基础。一方面,学校围绕"不让一个学生因家庭经济困难而失学"的目标,加大对家庭经济困难学生的资助力度,做细做优各项助困项目,从入学发放"生活启动金"、减免学费、新生专项资助,到"就业困难帮扶"贯穿大学始终;从春节留校慰问、节假日发放慰问金,到入冬送棉被,贯穿一年四季;从孤儿资助、重特大疾病学生救助、学生医保费资助,到少数民族学生助学金、特殊教育专业学生学费资助,覆盖全部特殊人群;从校内固定岗位勤工助学,到校外家教、兼职,覆盖全校内外。另一方面,学校充分发挥优秀学生典型示范作用,做大做强奖优项目,全新打造优秀考生奖、本科生奖学金、学生创新奖、雪莲奖学金、国际交流奖学金、毕业生荣誉奖学金等项目。华南师范大学全方位、多方面、深层次为校内学生提供扎实、有效的物质保障。

华南农业大学2016年事业收入4.6109亿元,提取资助经费2 305.46万元作为学生奖助学金,占学校事业收入的5%。打造五个资助育人品牌:"竹铭计划"励志强能工程、模范引领计划、勤工助学校园快递服务站、竹铭书屋和大学生勤工助学服务队。同时,重视在开学季、寒暑假、自然灾害后等重要时间节点,开展专项帮扶工作。例如,2016年,学校为136名家庭经济特别困难新生补助交通费、教材费和入学后短期生活费19.4万元,发放床上用品共1.8378万元;为204名家庭困难学生补助医保费3.55万元;学校尤其关怀患病和遭遇意外的家庭经济困难学生,2016年给20位家庭遇到突发意外事故的学生发放困难补助 20.22 万元；2016 年寒假前后，广州遭遇寒潮，学校及时采取防寒措施，给 72 名家庭经济困难学生发放专项冬衣补助 1.63 万元。

目前，广东各高校力争确保学校按照相应的比例提取事业收入用于学生资助。政府一方面加强监督，另一方面对各个高校的事业收入做出明确的规定，引导高校加大学生资助育人经费投入，调动学校学生资助育人工作的主动性和积极性，放大学校奖助学金财政投入的实际效益，建立合理的考核激励措施，对特殊专业、家庭经济困难学生较多和提取资助育人经费较多的高校予以倾斜支持。①

三、保障发挥社会资金作用

在政府主导、学校和社会协调参与的高校资助育人格局中，社会协同参与方面，广东高校积极广泛发动社会力量，接受社会组织、个人捐赠的资金，用于减免学费、设立校内奖助学金和临时困难补助等资助项目。2008 年，社会筹集各类社会奖学金 4 380 万元，有 1.35 万名家庭经济困难学生受到资助；2010 年，全省普通高校筹集社会资金，设立各类奖助学金近 5 000 万元，有 1 万多名家庭经济困难学生受助；2011 年，全省高校筹集社会资金设立各类奖助学金 4 000 多万元，有 1 万多名家庭经济困难学生受助。2016 年用于学生资助的社会资金共 13 400 万元，在高校设立的奖助学金共资助学生 60 048 万元（其中高校学生资助经费 47 783 万元，社会资金有 12 265 万元）。据统计，2010 至 2016 年间，广东省高等教育阶段政府、学校、社会三方共计投入 142.36 亿元，其中，企业、社会团体及个人捐助共 4.27 亿元，占三方投入的 3%。

华南师范大学积极筹集"1+1"资助经费，不仅从每年度事业收入中提取资助经费，还充分发挥学校教育发展基金会和广大校友的桥梁纽带作用，积极筹措社会奖助资金。2007—2016 年，学校筹集学生资助经费数十亿元。其中，筹集本专科学生资助资金约 5 亿元，资助 25.5 万人次学生，

---

① 广东省教育厅，广东省学生资助发展研究课题组. 广东省学生资助十年发展研究报告（2007—2016 年）[M]. 广州：中山大学出版社，2017：175.

学生资助规模稳步发展。学校整合社会各方向家庭经济困难学生提供的资源,创设多种社会奖助学金。目前,学校设有章文晋奖学金、新长城助学金、仲明助学金、烛光助学金等多种社会奖助学金。对于社会资助项目,学校要求受助学生及时向资助方致以感谢信,并在信中说明个人的相关情况。

汕头大学在李嘉诚基金会、热心校友和其他社会各界爱心人士的关心支持下,建立了多元资助体系。广州大学设立"广州大学广东文化基金助学金",资助学生在校期间的学费。东莞理工学院和东莞市慈善会共同出资,开展"翔鹭计划"勤工助学定向资助项目。五邑大学发挥侨乡资源优势,新增"联通科技奖学金"等7个项目。岭南师范学院创新设立"爱心驿站"非营利性超市。广东碧桂园职业学院以集团为后盾,对全体学生实行全免费,使受助学生"一人成才,全家脱贫"。

为了充分激发和引导企业、团体和个人等社会捐资助学的活力和良好的社会氛围,动员社会力量,创办助学基金,构筑政府、学校社会共同资助家庭经济困难的多重物质保障,广东省政府和各高校目前及未来努力出台社会资助激励措施,如"以捐代税"等社会资助激励措施,联动企业、社会群体、慈善组织及个人等,充分发挥广东宗祠文化及广东毗邻港澳地缘优势,广泛发动宗亲会及侨胞、校友、公益慈善资源,开展捐资助学工作。除此之外,增强社会捐资助学氛围,充分使用新闻、报纸杂志、微信公众号等新旧媒介,加强对家庭经济困难学生和资助现状的宣传,以激发社会反响,促进资助育人工作发展。鼓励企业承担社会责任,并对积极从事捐资助学的单位和个人实施表彰、奖励等,发挥典型引领作用,构建全社会广泛关注,共同推动广东高校学生资助育人发展新格局。①

---

① 广东省教育厅,广东省学生资助发展研究课题组. 广东省学生资助十年发展研究报告(2007—2016年)[M]. 广州:中山大学出版社,2017:175.

第八章 广东高校资助育人评价

高校资助育人任务是要充分挖掘资助工作育人功能，构筑发挥高校资助工作育人功能的路径，从单纯助困向综合育人发展，实现在资助中育人，以育人推动资助，促进资助育人工作的可持续发展。① 如何检验该任务的完成进度、完成质量以及实际成效，即如何进行高校资助育人评价成为摆在高校面前亟待解决的课题。

第一节 资助育人评价概述

由于评价的定义具有多维度、多层次的特征，因此，在实施资助育人评价前需要对其内涵进行清晰的界定，并使之成为开展具体资助育人评价工作的前提与基础。

一、资助育人评价内涵

从管理学角度来说，评价是指通过科学的计算方法、调研与咨询，对某个对象进行一系列的研究与测评，最终确定对象的意义与价值状态。从哲学角度来讲，所谓评价就是主体在对客体属性、本质和规律进行认识的基础上，把自身需要的内在尺度运用于客体，对主体与客体之间的价值关

---

① 广东省教育厅，广东省学生资助发展研究课题组. 广东省学生资助十年发展研究报告（2007—2016 年）[M]. 广州：中山大学出版社，2017：189.

系进行评判。① 以上两个维度的定义均揭示了人们在评价过程中要正确处理评价主体与客体的关系，在追求评价主体目的的同时，还要尊重评价客体的客观规律，体现规律性和目的性的统一。一般而言，高校资助育人评价主体是指对高校资助育人工作进行价值判断的人或部门，可以是大学生自身，也可以是高校或其他机构；评价客体主要由高校资助育人要素、资助育人过程等方面组成。

为更好诠释高校资助育人评价的内涵，笔者将其剖析为以下三个并列的层次。

一是高校资助育人评价是关于高校资助育人价值与效果的评判，其作用在于发掘资助育人工作存在的优点与不足，以期对今后工作的开展提供指导建议，体现了明确的目的性与指向性特征。

二是高校资助工作育人功能的实现需要从多方面去精准考量。资助育人评价客体多元化的发展取向是否符合资助育人的目的；评价资助育人功能实现的指标能否全面地反映评价客体的成长与发展；资助育人效果何时能在评价客体上体现，体现程度如何；这些问题的存在凸显了高校资助育人评价的综合性与长期性特征。

三是高校资助育人评价必须制定明确的评价标准，采用定性或定量的研究方法，借助控制论、信息技术、数理统计等研究理论及工具，对所采取的数据信息按照科学严谨的程序进行分析和研判。这就排除了人们主观臆测的可能，体现了鲜明的科学性与客观性特征。

综上所述，高校资助育人评价是根据资助育人的目标和要求，在系统、科学、全面地收集、整理、分析资助育人相关信息的基础上，运用一整套的评价标准和科学的评价方法，对高校资助工作的实施过程及最终效果进行评议，从而对高校资助育人工作是否满足人和社会发展需要，以及满足这种需要的程度做出价值判断的活动。

---

① 李秀林，王于，李淮春. 辩证唯物主义和历史唯物主义原理 [M]. 5 版. 北京：中国人民大学出版社，2004：312.

二、资助育人评价意义

高校资助育人评价是对高校资助育人工作实施价值及效果进行评测的一项重要工作，是落实高校资助育人各项措施的重要保障，是完善高校资助育人理论体系及实践体系的基础，是推进高校资助育人工作不断前进的必由之路。这项工作的落实能够让高校资助育人实现由软变硬、由弱变强、由虚到实、由从属变为主导、由隐性到显性的跨越和转变。[①]

（一）资助育人评价是检验高校思想政治教育工作成效的重要指标

习近平总书记在与北京大学师生座谈时指出："要把立德树人的成效作为检验学校一切工作的根本标准。"思想政治教育为社会主义现代化建设服务，最根本的是将社会政治、经济、文化发展的基本要求转化为思想政治教育的内容和要求，再将思想政治教育的内容和要求转化为人们的认识和行为实践，通过提高人们的思想政治素质，调动人们的积极性、主动性和创造性，实现思想政治教育的个体价值。[②] 资助育人评价检验高校思想政治教育工作成效就是检验高校资助工作的育人效果，不仅要判断资助工作能否满足人的全面发展的需要，还要考察资助工作促进人的思想政治素质和综合素质提高的效果，判断其满足人的全面发展的需要的程度。[③]

育人是一个复杂漫长的过程。人的思想形成受到诸多外界因素的影响，而这些外界因素既有积极的方面，也有消极的方面，充满了不确定性。因此，高校资助育人工作必定不是一劳永逸的事情，需要按照资助育人的计划和目的逐步推进，实现受助对象思想品德和政治素质从量变到质变的飞跃。如何将受助对象培养成符合社会发展需要、具备良好思想政治素养的个体，成为检验高校资助工作育人效果的唯一标准。资助育人要注重实效，建立标准，及时考核。要看受助学生责任意识是否明显提高，言行举止是否体现社会主义核心价值观；要看受助学生创新意识实践能力是否明显提高，家庭经济困难学生就业本领是否明显增强；要看受助学生成长成才比

---

① 敬坤. 大学生日常生活管理育人研究 [D]. 武汉：武汉大学，2015：182.
②③ 教育部思想政治工作司. 思想政治教育原理与方法 [M]. 北京：高等教育出版社，2010：219.

重是否每年有所提高，回馈社会比重是否每年有所提高；要看校风学风班风是否健康，学校政治生态是否风清气正。① 这就要求高校通过资助育人评价机制，紧扣立德树人的目标，牢固树立资助是手段、育人是目的的工作意识，立足受助对象不同水平的思想政治素质开展个性化育人工作，长期跟踪受助对象的思想动态，确保育人工作沿着社会主义方向不偏离。

（二）资助育人评价是优化思想政治教育环境的重要途径

思想政治教育环境分为宏观环境和微观环境两大类。宏观环境主要指社会、政治、经济和文化环境。微观环境是指影响人的思想、行为和心理成长的局部小环境。资助育人评价能够有效优化思想政治教育环境。从宏观角度来讲，资助育人评价有利于宣传党和政府全心全意为人民服务的宗旨，是推动我国民主进程和法治建设的重要举措；有利于营造公平的社会资助环境，动员社会力量汇集资助资源，更好地反映受助学生诉求、保障受助学生权益；有利于在全社会范围内构筑诚信的社会风气，营造积极的舆论导向，倡导人们树立高尚的道德情操和良好的生活方式。从微观角度讲，资助育人评价有利于高校加强人力财力的投入，为学生的成长成才打造舒适的物质环境；有利于高校强化自身职业道德教育，在打造团结进取的校园工作氛围的同时，实现全员、全方位、全过程育人；有利于夯实高校资助育人工作的理论基础，推动理论创新，为资助育人工作提供理论指导；有利于优化学生家庭环境，在减轻家庭经济压力的同时，能够使父母更为重视对学生的人生观、世界观、价值观的培养。

人的思想品德是在一定环境里形成和发展的，思想政治教育活动也是在一定环境里进行的，环境状况对人的思想品德状况以及思想政治教育活动有着重要影响。② 良好的思想政治环境为高校资助育人工作的顺利开展提供了先决条件，资助育人评价又反作用于思想政治环境的建设，二者相辅相成、互为推动。

---

① 全国学生资助管理中心. 关于印发杜玉波副部长在高校资助育人工作座谈会上讲话的通知 [Z]. 2016 – 08 – 05.
② 陈万柏，张耀灿. 思想政治教育学原理 [M]. 北京：高等教育出版社，2015：99.

（三）资助育人评价是监督高校落实国家资助政策的重要举措

"不让一个学生因家庭经济困难而失学"不仅是党和政府对人民的庄严承诺，而且是党和政府对高校落实资助政策的敦促。资助育人是一个庞大的系统工程。资助政策是否得到准确解读、宣传是否落实到位在一定程度上影响着高校资助工作效果是否实现了育人为本。

2017年财政部发布《关于进一步落实高等教育学生资助政策的通知》中明确指出，要进一步完善高等教育学生资助政策，进一步提高资助精准度，进一步优化高等教育学生资助工作机制，进一步加强资助育人工作；要加大对各地区、各培养单位学生资助工作的监督检查力度，将资助工作落实情况作为相关绩效评价和资金安排的重要依据。资助育人评价将在监督高校落实国家资助政策方面发挥重要作用。一是资助育人评价能够确保高校认真研读国家资助政策，深刻领会政策精神，做到因地制宜，最大限度地扫除资助政策落实存在的盲区，着力研究扩大资助体系覆盖面的途径，维护教育公平公正。二是资助育人评价能够强化高校资助工作力度，提升资助工作质量，严格规范资助资金的使用，推进资助工作的标准化，切实保障每笔资金落实到受助学生手中。三是资助育人评价能够促使高校构建物质帮助、道德浸润、能力拓展、精神激励、规范管理等方面的长效机制，做到统筹规划、科学发力。四是资助育人评价能够为国家资助管理部门收集反馈高校资助工作最新信息，能够随着政治经济形势出现的新变化引导国家资助政策及时调整与完善，有利于构筑资助工作政策指导与实践反馈的良性循环机制，有利于形成全国高校资助工作因事而化、因时而进、因势而新的创新工作局面。

（四）资助育人评价是考核高校资助工作实施效果的必备环节

高校一切工作的开展都要服务于人才培养这一根本任务。由于我国地区经济发展不平衡，大学生来自于拥有不同资源、禀赋的家庭，其中不乏诸多家庭经济困难学生。高校资助工作的目的在于维护教育公平，确保家庭经济困难学生顺利入学并完成学业。当前我国高校已形成了以"奖、助、贷、勤、减、免、补、绿色通道"为主要形式的资助体系，并能够大力推进教育精准扶贫，面向家庭经济困难学生开展助学、扶贫、帮困工作。评价高校资助工作的实施效果实际上是评估高校资助工作对受助个体发展需要的满足程度,二者一般呈正比关系,即高校资助工作开展得越全面、越有效,受助个体的满足程度就越高。但部分高校在资助育人实施过程中往往过于侧重资助内容而忽略育人效果,在一定程度上割裂了资助和育人的关系,未能将二者统一到人才培养的目标中去,工作未能形成合力。此外,部分高校未能深刻理解资助工作内涵,轻视资助工作的长远意义,导致资助工作实践力度疲软、资金使用效率低下,无法牢固构筑学生资助安全网。由此可见,高校资助育人的实施效果必须借助资助育人评价进行考核评测。这一措施不仅有利于规范高校资助工作,而且有利于为学生的成长保驾护航。

资助育人评价能够客观反映高校资助工作的执行力度;能够科学评估高校是否通过资助工作将有限的教育资源进行合理配置并实现资助效益最大化;有助于高校正确认识资助育人的内在规律和实现机制;有助于高校强化资助工作顶层设计,加强资助过程监管;有助于高校提升资助育人工作的实效性和持续性。

第二节 资助育人评价现状与制约因素

资助育人评价在实际工作中已经取得了显著的成效,并逐步呈现出常态化趋势。它为进一步完善资助育人工作产生了积极的推动效应。随着经济与社会环境的发展,资助育人评价在客观上也面临着更高的要求。因此,需要对资助育人评价的现状及其制约因素进行较为全面的梳理。

一、资助育人评价现状

当前,教育行政主管部门和高校已在不同层面对资助育人评价机制的建设进行了一些有益的探索,也取得了一些成效和经验。通过这些探索,高校资助育人评价机制越来越受到教育行政主管部门、高校和学界的重视,其多维度的功能与作用得到了大家一定程度上的认可,评价机制也正朝着全面化、多元化、动态化、交互性、开放性的方向发展。① 广东高校资助育人评价的发展现状主要体现在以下几个方面。

(一) 学生与家长评价

广东高校资助育人在2007—2016这十年发展中取得了巨大的进步，获得了学生及家长的广泛认可。第一，据调查统计，曾经接受过资助的学生及家长中有77.59%感到满意，其中有29.83%的学生和家长感到非常满意。② 第二，受资助的学生对资助工作人员的评价充满了肯定。34.86%的受资助学生表示非常满意，39.70%感到比较满意，持中立态度的有23.38%。③ 第三，资助资金到位及时足额，获得了受资助者的一致好评。有64.55%的受资助对象认为资助金总是及时、足额发放。但仍有25.30%的受资助者表示不清楚资助资金的发放情况，而未受资助者表示不清楚的比例更高。④ 第四，十年间广东省高校资助投入力度有较大提升，资助标准和资助范围均有明显的提升和拓宽。据调查结果显示，有47.35%的受资助学生认为十年间的资助金额有了大幅度或者部分的提升。⑤ 第五，参加过家庭经济困难情况认定的调查对象对认定工作满意度较高。曾经参加过家庭经济困难情况认定的学生中有高达79.17%的人对认定工作表示满意，也有35.72%的学生表示虽然没有参加过认定但是了解过认定工作并且表示满意。这意味着广东省高校家庭经济情况认定工作获得较高的社会认同，具有一定的公信力。⑥ 第六，学生及家长对资助评定结果认可度高。调查结果显示，有70.18%的学生或家长表示对广东省学生资助评定结果非常满意或者比较满意，有26.26%的学生或家长表示认可，只有极少比例的学生对评定结果表示不满意。⑦ 综上所述，学生及家长对广东高校学生资助的满意度较高，对资助工作给予了高度评价。

(二) 资助工作者评价

资助工作者作为高校学生资助工作的亲历者，他们的评价能够为资助育人工作的发展提供客观中肯的建议。

---

① 陈步云. 高校实践育人机制研究 [D]. 长春：东北师范大学，2017：64.
②③④⑤⑥⑦ 广东省教育厅，广东省学生资助发展研究课题组. 广东省学生资助十年发展研究报告 (2007—2016 年) [M]. 广州：中山大学出版社，2017：145 – 149.

第一,资助工作者对团队的满意程度较高。较高频率的资助政策培训以及交流学习机会,加强了省内各地市同行间的沟通与经验分享。以华南师范大学为例,学校重视学院资助工作人员培训。2017 年在校内 4 次安排专题培训(新留辅导员培训、新生辅导员培训、新兼职班主任培训、国家助学贷款培训)。其中,新留辅导员培训内容包括学校资助工作现状介绍、家庭经济困难学生认定、奖助学金评选等;新生辅导员培训内容包括介绍新的家庭经济困难学生认定办法、近期奖助学金评选等;新兼职班主任培训内容包括学校资助工作现状介绍、协助新生辅导员做好家庭经济困难学生认定、奖助学金评选等;国家助学贷款培训主要面向毕业班辅导员,培训内容是如何教育学生诚信还贷、及时催还本金及使用国家助学贷款系统等。此外,学校举行 4 次专题工作交流(学生资助工作沙龙、新疆学生资助工作沙龙、国家"三金"评选交流会、三校区勤管中心干部交流),主要是针对具体的资助工作,面向不同资助工作人员的培训。

第二,资助工作者认为十年资助工作有助于落实中长期教育改革和发展规划。81.18% 的工作人员认为所在地市或学校资助工作有助于落实《广东省中长期教育改革和发展规划纲要(2010—2020)》相关任务部署,且完成度达到 80% 以上。[1]

第三,资助工作者认为资助工作能够满足学生资助需求,资金及时足额发放并在这十年期间有所提升。有 94.62% 的工作人员认为学生申请资助越来越公平合理,落实精准扶贫工作的认可度很高。

第四,十年间,资助工作者认为资助规模和资助比例均有提升,并且能够将资助政策充分宣传到位。

(三)资助政策实施效果评价

在资助政策实施效果方面,大部分学生、家长及资助工作人员认为资助工作的社会效果明显。资助工作减轻了家庭经济困难学生的经济负担,保障了学生公平接受教育的机会与权利,促进了社会稳定,提高了学生入

---

[1] 广东省教育厅,广东省学生资助发展研究课题组. 广东省学生资助十年发展研究报告(2007—2016 年)[M]. 广州:中山大学出版社,2017:154.

学率，为社会发展提供了更多优秀人才。① 在政策的制订和执行过程中，广东高校对家庭经济困难学生的评定程序及结果越来越合理，能够保障资金足额及时发放，切实保障资助工作的公平性与合理性。以华南师范大学为例，2017年，该校通过各种资助措施为本科生发放资金约6 550.5万元，受益学生约2.4万人次，人均获奖受助2 700元，资助总金额及人均资助金额较2016年有较大幅度增加。2017年经学校认定的家庭经济困难学生5 447人，100%获得学校资助。同时，该校根据《广东省教育厅办公室关于做好2017年研究生奖助工作的通知》和《华南师范大学研究生奖助体系实施办法（试行）》（华师〔2014〕141号）文件精神，落实研究生各项资助制度，按照公平、公正、公开的原则，资助面覆盖了全校非定向学生人数的100%。

（四）资助育人成效评价

广东高校资助工作坚持以"立德树人"为指导思想，将资助与育人工作紧密结合，将励志、诚信、感恩等教育活动融于整个资助过程中，培养受助学生的自强精神和社会责任感。② 以华南师范大学为例，该校一是制定了《2017年度资助育人工作方案》，开展了一个核心、两项能力、三项教育和"宣传大使"组织开展情况。二是实施家庭经济困难学生能力发展项目——"青云计划"，着眼于家庭经济困难学生的能力发展，创新人才培养模式，围绕课程学习、训练营、项目实践、成长评估及考核激励五个模块展开精英式培养、体验式成长。通过学习，学员树立自信、提升能力、确认优势及把握未来。三是举办自强社十周年总结大会，总结自强社成立十周年来的工作和成果，继续打造家庭经济困难学生之家，加强了家庭经济困难学生的自我管理与自我服务。四是开展国家奖学金获奖学生成长跟踪工作，深入了解获奖学生的成长成才情况，以多种形式开展国家奖学金获奖学生成长故事的宣传。五是举办国家助学贷款还贷说明会暨"诚信行天

---

① 广东省教育厅，广东省学生资助发展研究课题组. 广东省学生资助十年发展研究报告（2007—2016年）[M]. 广州：中山大学出版社，2017：162.

② 广东省教育厅，广东省学生资助发展研究课题组. 广东省学生资助十年发展研究报告（2007—2016年）[M]. 广州：中山大学出版社，2017：62.

下"签名活动,向2017届毕业生说明国家助学贷款还贷,加强国家助学贷款应届毕业生的诚信教育。六是开展"勤助之星"评选活动,在勤工助学活动中树立自强自立的学生典型,加强学生的榜样示范教育。

该校育人成效显著。2017年本专科生必修课平均成绩为81.2分,家庭经济困难学生必修课平均成绩约为82分;2017年本专科生就业率为98.84%,家庭经济困难学生就业率为99.09%。该校家庭经济困难学生积极参加各类资助育人活动,并获得多项省级以上奖励。广东省教育厅公布2016年"我的中国梦——立志·修身·博学·报国"主题教育系列活动评选结果,该校获奖22项;2017南粤大学生语言艺术节,该校派出的四支队伍战绩喜人,多名同学获得2016年广东大学生年度人物提名奖及入围奖。该校大力推进创新创业工作,培养了一批优秀创新创业学生,取得了丰硕的创业成果。

二、资助育人评价特点

资助育人评价主要是对资助工作所运用的特殊脑力劳动以及该劳动产生的思想政治教育效果进行的价值判断。资助育人本身具有实践性、目的性、长期性、超越性等特点,资助育人评价除了具备客观性、科学性、系统性等基本特点外,还具有自己独有的特征。

(一)现实评价与潜在评价相统一

资助育人由两方面组成。一是资助,是立足当前,帮助学生解决实际困难的工作,体现了资助育人的实践性。二是育人,是面向未来,教育引导学生成长成才的工作,体现着资助育人的超越性。因此,资助育人评价也由立足当前的现实性评价和面向未来的潜在性评价组成。

资助育人评价要重视现实评价,这是开展其他评价工作的基础。资助育人本身是一个系统性工程,需要调动政府、企业,乃至个人等多方面的积极性,通过高校系统性的教育活动对受助对象施加影响。资助育人的支持要素、作用机制以及最终的落实效果都具备很强的现实性,容不得半点臆测。进行资助育人评价首先要注重考察资助育人工作开展的现实要素是否完备、资助育人团队是否优质、是否能充分开发要素的使用效率、资助育人方法是否公平合理、资助育人体系是否完善等；其次，要考察资助育人实施过程中各阶段，包括政策宣传、政策落实、效果反馈等工作环节的组织与衔接情况，是否将资助工作做到扎实到位，是否能有效推进育人进度。由于资助育人的工作环节紧密相扣，工作要严谨，办事流程分清主次，科学发力，在强化资助育人团队教育主导地位的同时，积极发挥受助者在受教育过程中的主动性，正确处理好育人过程中的主客体关系。最后，尤其要重视资助育人的最终效果，这直接决定了资助育人工作是否真正落到了实处、是否达到了立德树人的根本目的，凸显了资助育人的现实意义。这一最终效果实际就是受助者的思想行为是否产生了符合社会主义发展要求的积极变化，受助者自身综合素质与能力是否有了显著提升。以上三部分共同构成了资助育人的现实评价内容。

资助育人评价还必须注重潜在评价。这意味着要对资助育人的潜在效果与价值进行评价。资助育人包含在思想政治教育的范畴中，同样具备超越性的特点。既要立足于当前受教育对象的实际情况，为其解决实际困难，又要突破受教育者当前所受到的各种思想认识限制，以更为宽广高远的视野开展工作，为社会培养符合其发展需要的人才。这决定了资助育人目的的实现必然需要经历漫长的过程。现阶段我国思想政治教育的目的是促进社会的全面协调可持续发展。资助育人能否达到目的的关键在于资助育人团队特殊的脑力劳动所产生的效果，即表现为人的思想政治素质的提高和人的全面协调可持续发展。这只有在长期的实践中才能表现出来，在现实中很大程度上只能以潜在的形态存在着。因此，受助者思想政治素质的提高和综合素质的质量只有在长期的社会实践中才能得到体现与检验。[①] 因此，资助育人评价要坚持现实评价与潜在评价相结合，既要注重考察当前资助工作实效，又要注重长期跟踪育人效果，统筹兼顾，这样才能全面客观地对资助育人效果与价值做出准确评价。

（二）个体评价与社会评价相统一

个体评价是资助育人评价的重要组成部分。它直接影响着资助育人工

[①] 教育部思想政治工作司. 思想政治教育原理与方法 [M]. 北京：高等教育出版社，2010：222.

作的劳动力投入和价值取向。在资助育人工作中,教育者从事的工作是复杂的脑力劳动。由于受教育者自身思想政治素质处于不同的发展水平,为最大限度地激发思想政治教育的效果和价值,教育者要端正工作态度,积极调动各方面要素,努力提升自身知识结构和知识储备,以创新的工作方法投入育人工作。在构筑良性育人主客体关系过程中,要确立教育者主体地位,尊重其教育方法的差异化和独特性。同时,要关注作为个体存在的教育对象,思想政治教育的效果如何,最终表现在受教育者思想政治素质和综合素质的发展变化上,表现在受教育者内化思想政治理论并外化为个人行为和行为习惯上。① 思想政治教育只有找到满足了个体主体的主观性需要与主体性需要的契合点,才可能被主体所接受,并将思想政治教育倡导的思想、观点、内容内化为自己的价值观。② 因此,在资助育人评价过程中,要立足多个评价角度,建立教育者与受教育者的反馈系统,重视二者的个体意见,注重考察教育对象所呈现的不同思想政治教育效果,并以此作为评价资助育人的个体发展价值的重要依据。

资助育人评价还要注重社会评价。思想政治教育作为一种社会意识形态领域中的工作,从本质上讲,是运用科学理论和高尚思想,用科学的世界观和方法论培养人的实践活动,就是通过思想政治教育直接提高人们的思想道德素质和科学文化素质,增强人们认识世界和改造世界的能力,充分调动人的积极性、主动性和创造性的工作,从而影响社会的经济思想、经济文化、经济道德,最后影响整个社会的经济生活、经济运行和经济行为的价值取向,直至影响到整个社会的经济发展状况。③ 资助育人的最终目的是体现思想政治教育的社会价值。资助育人需要社会、学校和家庭等多个支持系统协同作战,形成合力,才能完成立德树人的目标。评价资助育人,要将学校教育、家庭教育和社会教育纳入评价体系,不仅要评价这些支持系统的教育情况,更要评估它们的最终教育效果;要评估资助育人活

---

① 教育部思想政治工作司. 思想政治教育原理与方法 [M]. 北京:高等教育出版社,2010:223.
② 冀素兰. 思想政治教育价值研究 [D]. 北京:首都师范大学,2013.
③ 张威. 思想政治教育的社会价值研究 [D]. 长春:东北师范大学,2006.

动是否对受教育者有价值、是否有助于受教育者思想政治素质的提升以及有多大程度的提升;要评估资助育人工作是否坚持社会主义方向不动摇、育人理念是否紧扣社会主义核心价值观、育人活动是否符合社会发展需求。

个体评价和社会评价是资助育人评价的重要抓手,只有把二者有机统一起来,才能全面准确地对资助育人价值做出判断,才能将资助育人更好地统一到思想政治教育的宏大范畴中,才能为社会主义共同理想和共产主义远大理想的实现提供源源不断的人力支持。

(三) 定性评价与定量评价相统一

思想政治教育测评要遵循定性评价与定量评价相结合的原则,资助育人评价同样要注重二者的统一。定性评价是对评价对象的整体及其性质进行分析、综合乃至鉴别和确认,以把握思想政治教育的实践和价值;定量评价是运用数据的形式,通过对评价对象表现出来的一些量的关系的整理和分析,从数量上相对精确地反映评价对象的局部或整体面貌。①

当进行定性评价时,要注重从宏观角度对资助育人工作做出方向性、倾向性的价值判断。当前定性评价的方法主要有比较分析法和系统分析法。比较分析法主要通过对教育对象接受资助前后的行为进行比较来确定资助育人的实施效果。系统分析法主要依据系统论的基本原理和方法对资助育人进行分析和评价。②资助育人的定性评价侧重对受助对象"质"的发展的分析与解释,主要通过对受助对象的跟踪观察,来判定受助对象思想政治素质和综合能力是否得到提升以及取得多大程度的提升,是一种趋势性判断。定性评价多采用观察分析、经验判断等方式,评价主体本身的主观色彩在一定程度上会影响评价结果,存在评价结果模糊不清、难以精确把握的缺陷,影响了资助育人评价的科学性和客观性。为克服定性评价的主观随意性和模糊性,资助育人评价需要借助定量评价来进行一定程度的修正。

定量评价主要运用数据的形式,侧重考察评价对象量的方面。资助工

---

① 王茂胜. 思想政治教育评价论 [M]. 北京:中国社会科学出版社,2006:176-177.

② 时胜利,崔华华. 思想政治教育实效性评价的困境及其出路 [J]. 探索,2014 (6):141-144.

作的财政投入、资助范围、资助标准等指标，受助对象的学业成绩、获奖情况以及就业比例等指标均可通过调查进行精确的量化，借助数理统计工具即可判断资助实效性的高低、育人程度的轻重，判定资助育人对受助对象思想和行为影响程度的深浅，能够较为真实客观地反映资助育人工作的开展情况。定量评价具有系统性、可量化等特点，基于这种评价方式所得到的资助育人评价结果更为精准和科学，不仅有利于优化资助工作的资源配置，更有利于育人工作效度的提升。

定性评价与定量评价的评价侧重点不同。资助育人可量化的部分就采用定量评价，而相对模糊的部分就采用定性评价。在进行资助育人评价时要融合二者的优势，力求将主观随意性降到最低，从而实现对资助育人的科学评价。

（四）短期评价与长期评价相统一

资助育人的短期评价是指在一定时期内对资助育人绩效的考核。在高校的资助育人体系中，这个短期通常被定义为6年以内，意味着资助育人团队能够持续对受助者发挥作用。在这一时期，受助者一般处于高校学习阶段，或毕业两年仍旧处于国家助学贷款的还款阶段。资助育人团队管理者要对受助者的成长发展进行指导和监督，对发现的问题及时予以解决，并注重调整和推进育人计划，确保育人目标的实现。短期评价结果可用于资助育人团队工作绩效和工作技能的提高。但需要注意的是，由于受助者在短期内受到高校管理制度的管辖，其短期的言谈及行为表现不足以充分反映资助育人效果，受助者存在主观刻意"表现"的可能性，这就导致短期评价具有失真的缺陷。

资助育人的长期评价实际上侧重于对受助者思想政治素质成长的长期考察，这一过程可以是终身性的，体现了育人漫长性的特点。在这一时期，受助者几乎已经不在高校的管理之下，并且高校资助育人团队的构成也会因为时间的推移在人员调整上发生很多变化，无法有效监督和跟踪受助者的成长发展，受助者的成长发展更多地体现在自我教育方面。长期评价考察的是高校对其进行思想政治教育后，受助者是否完成了思想政治理论的内化并自觉践行正确的人生观、世界观和价值观。在长期评价中，受助者要秉承"路漫漫其修远兮,吾将上下而求索"的进取心态,努力将自己打造成为符合社会主义发展要求的有用人才。长期评价结果有助于高校审视立德树人的目标是否完成。

由此可见,资助育人评价要注重短期评价与长期评价相统一,二者要互为促进,不断完善。以短期评价夯实高校资助育人工作基础,以长期评价推动高校资助育人目标的实现,切实将高校人才培养工作落到实处。

(五) 主观评价与客观评价相统一

资助育人评价过程分为两方面。一是评价受助者接受资助时能否积极将资助育人团队的教育理念进行内化,这一过程具有一定的主观性。二是受助者能否以实际行动体现自身思想政治素养的提升,即外化思想政治教育效果,这一过程由具体实践组成,具有一定的客观性。

资助育人的主观评价由两部分评价构成,即资助育人团队的主观评价和受助者的主观评价。资助育人团队的主观评价表现在资助育人团队要对受助者接受思想政治教育的内容、方法以及效果进行评估。资助育人团队要引导受助者深入学习习近平总书记系列重要讲话精神和治国理政新思想新战略,深入开展中国特色社会主义、"中国梦"宣传教育和社会主义核心价值观教育,帮助学生不断坚定中国特色社会主义道路自信、理论自信、制度自信和文化自信,牢固树立正确的世界观、人生观、价值观;[①] 要努力推进受助者内化思想政治理论的进程,促进他们自觉地改造自身主观世界;要对受助者接受思想政治教育后所形成的思想政治素质水平、道德情操高度等方面进行对比评价。受助者的主观评价表现在受助者对资助育人工作实施内容、过程以及效果的评价。受助者注重资助政策是否能够宣传到位、贯彻落实;注重资助过程是否公平公正;注重资助是否能减轻家庭经济压力、育人能否使自身素质切实得到提高等方面。因此,资助育人主观评价,需要资助育人团队和受助者双方对思想政治育人效果进行互评,具有主观性的特点。

资助育人的客观评价就是对受助者接受思想政治教育后所体现的行为

---

① 中华人民共和国教育部. 普通高等学校辅导员队伍建设规定 [Z]. 2017 – 09 – 21.

表现进行评价。当受助者积极自觉完成思想政治理论的内化后,其行为表现必将体现出受助者构建的正确的主观世界。王守仁提出的"知行合一"思想认为:知中有行,行中有知,以知为行,知决定行。判断一个人的思想素质高低不在于一时一事的刻意,而在于持之以恒的纯粹;不在于夸夸其谈,而在于自觉实践,实现"改造主观世界—改造客观世界—进一步改造主观世界"的螺旋上升。实践是检验真理的唯一标准。因此,资助育人的客观评价要注重考察受教育者长期的行为表现,注重思想政治教育"内化"与"外化"的统一,做到主观评价与客观评价相结合。

三、资助育人评价制约因素

针对广东高校资助育人的发展现状,笔者经过认真梳理后不难发现,尽管当前资助育人工作已经取得丰硕的成果并积累了相当丰富的经验,其中还存在着诸多亟待解决的问题,主要集中在以下几个方面。

(一)评价主体与客体需更加全面

一方面,在资助育人评价过程中,评价主体的选择要么是高校主管资助工作的业务部门,要么是受助对象及其家庭,而和资助育人工作密切相关的政工队伍、受助对象工作单位,乃至与受助对象相关的其他社会群体都没有被纳入评价主体范畴。另一方面,评价客体往往是单一的受助对象,没有对资助育人要素、资助育人过程以及资助育人效果这样的客体进行综合评价。评价主客体的不完善在一定程度上造成了资助育人评价缺乏全面性和公正性。

(二)评价标准需更加科学

当前高校资助育人评价标准往往是对整齐划一的工作要求、工作任务是否完成做出判断,缺少灵活性和层次性,过于僵化。其劣势在于忽视了人的个性、思想感情、动态发展和个人价值的实现,体现不出个性化需求。① 与此同时,重工作任务考核而轻视育人效果的评价,造成了资助育人实际工作重心的偏离。

---

① 王忠. 大学生思想政治教育实践育人机制创新研究[D]. 长春:东北师范大学,2016.

（三）评价方式需更加合理

资助工作的评价往往由上级教育行政管理部门对所属高校做出工作评价，通过工作任务完成质量来评价高校资助工作的优良中差等级。育人工作的评价通常是由受助对象所获得的各类具备显示度的奖项来证明育人效果。但是，这些奖项是否能够证明受助对象的思想政治素质切实得到提高，还存在一定的探讨空间。如何论证资助与育人的相关性这部分评价显然是缺失的。

（四）评价结果反馈需更加充分

评价结果是资助育人的最后一个环节，其反馈的及时性与准确性将直接决定资助育人工作是否能够在接下来的环节中得到科学的指导。如果评价结果反馈滞后，评价结果的效用将与滞后的时间呈反比，即滞后的时间越长，评价结果的效用越差，也就是说，随着时间的延长，评价效用将呈递减状态。[①] 高校在第一时间获取评价结果后，一定要及时认真地对此进行分析和利用，并将研究结果及时传达给资助育人相关单元，确保资助育人工作实现从量的积累到质的飞跃。

第三节　资助育人科学评价体系建设

资助育人评价体系的构建是用来规范资助育人工作，解决如何评价、由谁评价以及评价什么这三个大问题的。其内容包括明确评价主客体、评价原则、评价指标和评价方法四个方面。

一、评价体系要素

构建精准化的评价要素是构建资助育人科学评价体系的首要前提。评价要素分为评价主体与评价客体两方面。在原有的资助育人评价体系上，需要进一步明确评价主体与客体，强化评价主体责任，完善评价客体内容。

（一）评价主体精准化

评价主体的确定是解决"由谁评价"这个问题的，主要包括资助育人

---

① 陈步云. 高校实践育人机制研究［D］. 长春：东北师范大学，2017.

工作主管部门、资助育人团队以及受助对象三部分。这三部分根据所处层次不同,其在评价过程中发挥的作用也不同。

1. 资助育人工作主管部门

资助育人工作主管部门主要是指负责资助育人工作决策和管理的有关领导和专业评估人员。他们负责资助育人工作的决策、组织和管理,拥有各种信息和资源的协调与分配权,能够站在宏观角度上统筹把握,为资助育人工作的创新提供必要条件。此外,他们能够汇集高校资助育人工作情况的第一手信息,经过专业人士分析研究后所做出的评估具有相当的权威性,能够代表政府及其他组织对高校资助育人工作进行监督和指导。这一层级主体的评价属于顶层设计方面的评价,构成了资助育人评价的组织管理基础。

2. 资助育人团队

资助育人团队作为资助工作的承担者和育人工作的实施者,可以是高校专业化的资助育人部门,也可以是辅导员队伍,属于资助育人的一线工作人员。在实施资助育人工作时,他们要严格落实政策,既要完成既定的资助工作,又要承担育人工作,能够准确地评价资助政策的有效性;他们还要对受助对象的成长情况进行评价,通过对受助对象思想政治素质、道德情操、行为表现等方面的综合考核来判断资助育人效果;他们能够根据资助育人效果不断地调整自己的教育方法和教育理念,持续提升自身教育能力,改进思想政治教育活动,强化对受助者思想政治素质形成的引导。这一层面主体的评价构成了资助育人评价的理论研究基础,具有重要指导地位。

3. 受助对象

受助对象是资助育人实践的直接参与者和受益者,资助育人所有的价值要体现在受助对象的全面健康发展上。从某种意义上来说,受助对象对资助育人活动开展的内容、过程以及现实效果有着切身感受,作为资助育人评价主体,具有相当的话语权。受助对象能够结合自身参与情况,对资助育人团队的工作和自身成长效果进行评价。充分调动他们的评价积极性有助于资助育人更好地改进工作方法、创新工作理念,有助于培养受助对象自身发现问题、提出问题的能力，有助于社会主义民主的发挥。这一层次主体的评价构成了资助育人评价的现实表现基础，是其他一切评价的信息数据来源。

（二）评价客体精准化

评价客体是解决"评价什么"这一问题的。资助育人的评价客体包括资助育人组成要素、资助育人过程以及资助育人效果这三方面。

1. 评价资助育人组成要素

资助育人组成要素包括资助育人团队、受助对象、资助育人目标、资助育人内容及方法、资助育人环境等。其中，资助育人团队和受助对象既是评价主体又是评价客体，具有双重身份。对资助育人各组成要素进行客观公正的评价，能够科学测量这些要素在发挥思想政治教育过程中所占的比重，有利于有限资助育人资源的优化配置，提升资源利用率的同时，为规范和完善资助育人工作提供强大助推力。

2. 评价资助育人过程

评价资助育人过程是指对资助育人的工作顺序或客观流程进行评估。在目标确定的前提下，工作程序严谨、管理规范、创新发展是实现良好资助育人效果的法宝。评价资助育人过程首先要评估其严谨性。资助育人实施的整个过程，乃至各个环节都要严丝合缝，协调一致，共同服务于育人目标。其次，要评估其反馈性。资助育人实施要注重主客体间的信息交互，良好的沟通系统和反馈系统有助于发现和解决资助育人实施过程中的问题。最后，要评估其成长性。要根据受助者自身发展阶段，以发展的观点对资助育人过程进行适当的创新与延展，促进受助者将思想政治理论进行内化，并积极推动其外化于行。

3. 评价资助育人效果

评价资助育人效果是对受助对象接受思想政治教育之后引起的思想和行为变化的动态评估。[①] 资助育人的工作任务同高校思想政治工作的主要任务是高度一致的，都是要以理想信念教育为核心，以爱国主义教育为重点，

---

① 傅晓华. 论大学生思想政治教育效果的评估［J］. 中南林业科技大学学报（社会科学版），2007（4）：126-129.

以思想道德建设为基础,以大学生全面发展为目标,努力培养他们成为有理想、有道德、有文化、有纪律的社会主义新人。① 这一任务包含两层含义。一是资助育人效果一定要体现其社会价值,确保培养的人才符合社会主义核心价值体系,符合社会主义社会发展要求。二是资助育人效果一定要体现其个人价值,要立足人的全面发展,在实现其个人价值的同时,推动社会进步,进而实现社会价值。因此,资助育人效果是评价资助育人工作是否有效的根本落脚点。

二、评价体系原则

实现学生全面发展是高校资助育人工作的出发点与落脚点。开展资助育人评价必须要构建科学化、规范化的评价原则,并以此作为评价活动的行为准则。

(一) 可操性原则

可操性原则是指资助育人评价要便于收集数据信息。可借助数学工具进行定性和定量分析,能够进行执行研究,能够解决实际问题,是资助育人评价能否顺利进行的基础性原则。在现实中,评价活动往往受到各种客观条件的限制,理论上的可行性不意味着具备可操作性。因此,在该原则指导下构建的评价体系必须是实用、易操作,评价的指标恰当适宜,具体指标分类要系统而又不交叉覆盖,体现单项独立化、具体化,便于评价者对评价对象的测评。整个评价体系要逻辑严密,但又好操作、不烦琐,评价者一看就懂,一学就会。② 资助育人评价确定评价主客体、评价指标及评价方法都要建立在可操性原则上,否则就是脱离了现实的"空想社会主义"。

(二) 动态性原则

思想政治教育作为一项社会实践活动,其作用产生的效果与其实施的

---

① 中共中央国务院发出《关于进一步加强和改进大学生思想政治教育的意见》[N]. 人民日报,2004 - 10 - 15 (1).

② 王克仁,张剑,陈澜祯. 大学生德育评价工作现状及评价体系重构原则新探[J]. 党史文苑,2005 (12):59 - 60.

过程并不具有同步性，思想政治教育的效果往往是在实施教育之后的一段时间内才得以体现出来。① 资助—育人—呈现效果，同样需要一定的时间和空间才能反映出来。资助是短暂的，育人是长期的；资助政策是可变的，育人目标是稳定的；资助育人团队和受助对象同时具有可变性。因此，动态性原则要求资助育人评价要充分考虑时间、环境、政策以及人等各种因素的变化，注重收集和分析具有一定时间维度的数据，注重考察受助对象发展的动态过程及效果。这种动态既有积极动态也有消极动态。资助育人工作要着力引导受助对象产生积极动态变化，监督并规避消极动态的产生，注重评价指标信息的动态收集与管理，促进动态化评价体系的构建。

（三）导向性原则

导向性原则又称方向性原则，是指根据思想政治教育党性的客观要求，指导和制约评价活动方向的基本规则。它决定并保证了大学生思想政治教育有效性评价活动的性质和根本方向。② 众所周知，教育评价具有反馈、鉴定、选拔、激励等多种功能，它的最基本、最重要的功能是导向。③ 导向性原则意味着引导和激励思想政治教育向正确的方向和目标发展，通过评价更好地促进人的思想、政治、道德素质的提升，为其健康发展提供精神动力和精神指引。④ 资助育人评价一定要在习近平新时代中国特色社会主义思想的指引下，统筹全局，把握评价活动的各个环节，以正确的价值引领人，以正确的方法教育人，以正确的途径锻炼人；以评促建，推动资助育人工作不断进步完善，确保资助育人工作贯彻落实党和国家关于高等教育的政策宗旨，保障受助对象成长符合社会发展需求和社会主义人才培养目标。

---

① 李仲元，王国鑫. 思想政治教育效果评价浅析 [J]. 经济与社会发展，2008（3）：164 – 166.

② 钟京凤. 大学生思想政治教育有效性评价研究 [D]. 西安：西安建筑科技大学，2010.

③ 陈雄一，胡明宝. 构建素质教育评价体系的意义与原则 [J]. 湖南社会科学，2003（3）：154 – 156.

④ 李春华. 论构建现代思想政治教育评价体系的基本原则 [J]. 学校党建与思想教育，2011（32）：15 – 17.

（四）发展性原则

构建资助育人评价体系要以发展性原则为核心原则。促进人的全面发展就是坚持马克思历史唯物主义，贯彻以人为本的科学发展观，是马克思个人全面发展理论的具体实践。共产主义的目标是解放人，实现一个以各个人自由发展为一切人自由发展的条件的联合体，共产主义是个人发展与社会发展的高度统一，是每个个人与社会的存在和发展直接统一的社会。个人的发展既是社会发展的手段，也是社会发展的目的，个人的发展是衡量社会进步的重要尺度。① 家庭经济困难学生资助以促进家庭经济困难学生的和谐发展为根本目的，发展性原则集中体现了家庭经济困难学生资助的育人目的。资助育人绩效评价指标应着眼于是否促进家庭经济困难学生身心的和谐健康发展，是否有利于家庭经济困难学生各项能力的提升，是否有利于家庭经济困难学生以积极健康的状态迎接挑战，成为社会主义和谐社会的建设者。②

三、评价体系指标

构建全面化的评价指标是建立高校资助育人评价体系的重要一环。在高校思想政治教育工作评价中，单个指标只反映评价客体的某一个侧面，若要全面、立体、客观地显示评价客体的状况，必须建立一个与之相适应的评价指标体系。③ 笔者将资助育人评价指标分为三类一级指标，分别是资助育人工作要素、资助育人工作过程、资助育人工作效果。每一类一级指标又包含若干细分的二级评价指标。

（一）资助育人工作要素

资助育人工作要素主要包括组织领导（制度建设、工作机制、工作规划）、支持系统（政策支持、组织支持、人力支持、财物支持）、队伍建设

---

① 张凤莲. 马克思的个人发展理论及其当代价值［J］. 哲学研究，2006（5）：24.
② 庄素娟. 基于贫困生教育引导的资助育人绩效提升研究［J］. 开封教育学院学报，2016（4）：198.
③ 史瑞根. 高校思想政治教育工作评价指标体系研究［D］. 太原：中北大学，2010.

(包括专业资助团队、育人团队)、育人环境(家庭环境、高校环境、社会环境)。(详见表8-1)

表8-1 资助育人工作要素评价指标

一级指标	二级指标	观测指标
资助育人工作要素	组织领导	制度建设、工作机制、工作规划
	支持系统	政策支持、组织支持、人力支持、财物支持
	队伍建设	专业资助团队、育人团队
	育人环境	家庭环境、高校环境、社会环境

其中,组织领导反映了高校对资助育人工作的重视程度,从制度设计与工作规划层面为资助育人工作的开展谋划出清晰的思路,在资助育人评价指标中具有重要地位。支持系统为资助育人工作的开展提供了条件保障,反映出资助育人工作并非孤立存在,而是切实融入高校人才培养工作体系的。队伍建设为资助育人工作提供了智力保障,其人员构成主要包括党团干部、思想政治理论课与哲学社会科学课教师队伍、辅导员和班主任,以及学生干部群体。育人环境指标反映出资助育人工作要协调家庭、高校和社会三方面因素,为育人工作统筹发力。

(二) 资助育人工作过程

资助育人工作过程评价指标主要分为资助过程和育人过程。其中资助过程观测指标包括资助政策宣传、贫困认定、资助规模、资金投入、资助范围、资助标准、资助方式、资助工作团队建设等方面。育人过程观测指标包括高等学校思想政治理论课、形势政策教育、高等学校哲学社会科学课程以及其他课程、社会实践、校园文化、网络思想政治教育、心理健康教育、服务育人、管理育人、党团建设、班级社团建设。[①](详见表8-2)

---

① 中共中央,国务院.关于进一步加强和改进大学生思想政治教育的意见[Z]. 2004-10-14.

表8-2 资助育人过程评价指标

一级指标	二级指标	观测指标
资助育人过程	资助过程	资助政策宣传、贫困认定、资助规模、资金投入、资助范围、资助标准、资助方式、资助工作团队建设
	育人过程	高等学校思想政治理论课、形势政策教育、高等学校哲学社会科学课程以及其他课程、社会实践、校园文化、网络思想政治教育、心理健康教育、服务育人、管理育人、党团建设、班级社团建设

资助过程的观测指标主要围绕政策落实力度、资金使用效率、助困扶贫精准度、工作流程严谨度等方面展开评价。育人过程观测指标主要围绕加强和改进高校思想政治教育工作的各种措施展开评价。

（三）资助育人工作效果

资助育人工作效果包括资助效果和育人效果两方面。其中，资助工作效果由减轻受助者家庭经济负担程度、受助者学业完成率、受助者及其家庭满意度、受助者对资助政策了解程度、资助工作规范程度、资助特色等指标组成。育人工作效果由受助者思想政治素质、知识结构、道德情操、心理健康、综合素质、行为表现等指标构成。（详见表8-3）

表8-3 资助育人工作效果评价指标

一级指标	二级指标	观测指标
资助育人效果	资助工作效果	减轻受助者家庭经济负担程度、受助者学业完成率、受助者及其家庭满意度、受助者对资助政策了解程度、资助工作规范程度、资助特色
	育人工作效果	受助者思想政治素质、知识结构、道德情操、心理健康、综合素质、行为表现

资助工作效果可通过对调查问卷的定量分析得出较为严谨的结论，其

中，资助特色这一观测指标需要特色项目、实践效果和社会认可度作为支撑。① 育人工作效果则需要借助访谈等手段，结合受助者评价、受助者及其家庭评价以及社会评价等多方意见才能做出定性结论。值得思考的是，受助对象的成长总是多重因素共同作用的结果，有可能并不完全是资助育人工作成效。此外，资助育人工作所带来的影响长期潜在地影响着受助者，育人效果的显现可能存在一定的滞后性。② 只有通过对受助对象坚持不懈地跟踪与调查，不断丰富资助育人效果评价指标，才能使资助育人评价更为科学严谨。

四、评价体系方法

资助育人评价方法是在资助育人评价过程中，为达到一定评价目的而采取的一系列手段、方式、途径的总称。③

（一）比较分析法

该方法也叫趋势分析法，属于动态的定性分析。它主要是通过对事物的相关要素进行分析比较，以判断事物的演变趋势以及变化情况。运用比较分析方法来评价思想政治教育，就是在思想政治教育的主体和客体之间，教育过程、目标、内容、形式和效果之间，进行比较分析，并确认和判定特定教育的质量和效果。④

（二）层次分析法

该方法是一种将定性与定量分析方法相结合的多目标决策分析方法。其主要思想是通过将复杂问题分解为若干层次和若干因素，对两两指标之间的重要程度做出比较判断，建立判断矩阵，通过计算判断矩阵的最大特

---

① 史瑞根. 高校思想政治教育工作评价指标体系研究［D］. 太原：中北大学，2010.
② 侯艳君，王迪. 大学生资助育人效果评估指标研究：基于层析分析法［J］. 现代商贸工业，2016（22）：144－145.
③ 教育部思想政治工作司. 思想政治教育原理与方法［M］. 北京：高等教育出版社，2010：230.
④ 金军. 高校思想政治教育评估及方法探析［J］. 武汉科技学院学报，2005（3）：98－101.

征值以及对应特征向量,就可得出不同方案重要性程度的权重,为最佳方案的选择提供依据。[①] 采用这种方法需要对资助育人的各个评价指标进行问卷调查,通过计算确定每个评价指标的权重,并进行排序,以此判定各个指标对最终评价结果的影响程度。

(三) 信息控制法

该方法是运用控制论的基本原理,对思想政治教育过程进行评价的一种方法。运用控制论,可以帮助我们研究如何调节和控制资助育人过程的各个环节,同时还可以对评价对象信息的传输、接收、选择和处理进行控制调整。信息控制法分为三种,第一种是事先控制评价法,即为了确保资助育人评价的效果,要最大限度地接收评价对象的思想信息,进行全方位观察,从而准确预测和把握评价对象的思想动态及发展趋势。第二种是过程评价法,该法需要对资助育人过程进行科学管理,针对出现的问题进行及时解决。第三种是反馈控制评价法,该法通过反馈、调节,再反馈、再调节,将资助育人工作做实、做细、做活。[②]

此外,资助育人评价方法还有目标管理法、系统分析法、实验评价法、实践评价法等类型。资助育人评价要根据评价主体、客体以及评价目的的不同,选择适用的评价方法。无论采取何种方法,都要秉承客观、准确、科学的原则,这样得出的评价结论才可靠有效。

第四节 资助育人评价反馈

控制论认为,反馈是指在控制系统中输出者把信息输送出去,接受者接收信息,并将信息作用的结果传递给输出者,为输出者调整系统,纠正系统偏差提供依据,以达到优化系统的目的。[③] 借鉴这一定义,高校资助育

---

① 郭金玉,张忠彬,孙庆云. 层次分析法的研究与应用 [J]. 中国安全科学学报,2008 (5):148 - 153.

② 赵婷. 论现代科学方法创新思想政治教育评价方法 [J]. 企业导报,2013 (24):215 - 216.

③ 王英. 论教学信息反馈与课堂教学质量的关系 [J]. 中国科教创新导刊,2012 (9):194.

人评价结果反馈的内涵是将资助育人工作成效、经验教训传递给高校主管业务部门乃至更高一层级的决策部门,构筑"实践操作—结果反馈—新周期决策"的工作机制,以达到优化资助育人政策、升级资助育人系统、促进资助育人目标实现的目的。

一、评价反馈意义

(一)实现资助育人评价功能

通过评价结果反馈,可以检验资助育人工作成效,评判资助育人工作水平高低和质量优劣,评判资助育人产生的个体价值和社会价值,能够实现资助育人评价的诊断功能;可以帮助资助育人工作认清现实表现与理想状态的差距,借助常规检查和阶段评审等手段,督促资助育人工作的进展,引导资助育人系统的建设向着理想化目标迈进,能够实现资助育人评价的监督导向功能;可以对应资助育人评价指标,规划资助育人工作的预期任务和预期成效,营造管理约束力,能够实现资助育人评价的管理功能。

(二)优化资助育人决策

资助育人评价结果反馈能够收集大量的资助育人工作相关信息,尤其是针对受助对象在接受资助育人前后的表现,通过对比其思想政治素质、行为表现以及道德情操等方面的变化来做出评价,并将评价结果反馈给决策层,以此来判断资助育人工作模式的实效性。这一工作模块在资助育人管理过程中起着承上启下的作用,既关系到前一个决策方案执行效果的评价、经验教训以及成果的总结,又关系到下一轮决策所要针对的问题与目标的确定,其反馈信息对下一个决策的形成、执行和总结有着重要的借鉴意义。[①] 只有将准确的评价结果反馈给评价管理者,去伪存真,去粗存精,消除信息失真以及信息不对称等不良影响,才能为优化资助育人决策提供强大动力。

(三)实现资助育人过程控制和目标

资助育人效果的最终呈现必须要通过对其活动过程进行严格的计划与控制来达成。但在具体实践过程当中,由于教育对象所具有的自我意识和

---

① 陈万柏,张耀灿. 思想政治教育学原理[M]. 3版. 北京:高等教育出版社,2015:287.

外部环境的干扰，计划实施的具体效果不可避免地会出现一些偏差，这就需要教育者对此及时地进行更正，对原有的决策进行不断的修正和完善。在思想政治教育过程中，若只局限于教育者向受教育者一端的信息输入，而没有从受教育者一端来的反馈，便无法纠正资助育人过程中可能出现的偏差，进而无法实现有效的调节。① 资助育人评价反馈机制的构建能够帮助资助育人活动纠正偏差，掌控活动过程，有助于资助工作精准度的提高和育人工作教育方法的改进，在促进资助和育人协调发展的同时，对实现资助育人目标起到了至关重要的作用。

二、评价反馈原则

在进行评价结果反馈活动时，要遵循以下原则，充分发挥反馈机制的效能，提升反馈的质量。

（一）及时性原则

如何使资助育人评价结果更好地引导资助育人活动，更好地为新周期的决策提供依据，关键在于反馈的及时性。评价结果的及时传递、及时处理，能够帮助资助育人活动及时纠正偏差，对活动开展进行有效调节。如果反馈周期过长，决策领导层获取的信息存在滞后性，其直接后果就是错过了决策的最佳时机，有出现决策失灵或决策错误的可能，将会对资助育人在新周期的开展造成严重负面影响，甚至造成巨大损失。

（二）准确性原则

资助育人评价是一个科学的评价体系，在科学方法和科学流程指引下所得出的评价结果也必然是科学准确的。由于反馈系统存在诸多传递环节，信息在传递过程中受到来自各方面杂音的干扰，会逐渐产生损失。信息损失的多少和传递环节的数量一般呈正比关系。反馈活动要确保评价结果在传递过程中不会出现扭曲和失真，确保反馈信息的准确性。这要求反馈活动严格控制反馈渠道和环节，注重信息的加工分析，去伪存真，保证信息的客观性，力求为决策层提供翔实真实的数据。

---

① 王子玉. 高校思想政治教育反馈调节机制建设刍议 [J]. 边疆经济与文化，2014（9）：51-52.

(三) 适度性原则

唯物辩证法告诉我们，度是保持事物稳定性的数量界限，即事物的限度和范围。超出度的范围，一物就转化为他物了。度的哲学范畴实质上告诉我们，只有认识了事物的度，才能准确把握事物的质；只有准确把握了事物的度，才能提出指导实践活动的正确准则。[①] 如果反馈乏力，决策系统就无法得到客观信息，导致决策调节无效；如果反馈过度，决策系统又会过高估计形势，导致决策用力过猛。因此，反馈一定要遵循适度性原则，做到客观有力，防止"过"和"不及"。

三、评价反馈方法

(一) 调查反馈法

调查反馈法是指资助育人评价反馈机构通过调查问卷收集数据，以资助育人评价组织、实施部门及人员、资助育人评价主客体等方面为调查对象，以资助育人评价过程、要素及效果为主要内容展开调查，随后对调查数据进行分析处理，最终形成报告，反馈给主管资助育人工作决策部门的工作方法。其特点是调查工作覆盖全面，能够收集到难以从直接观察中收集到的资料，数据丰富，高效方便，但资料中可能存在虚假作答的情况，需要对数据进行细致甄别和处理。

(二) 综合反馈法

综合反馈法是指将不同地域的高校或相关单位对资助育人评价某项结果的反映汇总到一起，通过一定的分析、整理和归纳，找出一些内在的联系和问题，形成比较完整、系统的材料报告，并进行集中反馈的方法。[②] 这种反馈方法可采用汇报会、座谈会等方法集中开展，能够较为全面真实地反映评估情况，有利于决策者在听取资助育人工作建议的同时，系统地掌握情况。

[①] 刘同舫，胡蓉. 马克思主义基本原理教程 [M]. 桂林：广西师范大学出版社，2010：63.

[②] 王兵. 图书馆立法决策服务中的信息反馈研究 [J]. 图书馆建设，2012 (4)：43-45.

(三) 典型反馈法

典型反馈法是指将资助育人评价结果的某些典型组织情况、典型事例、典型人物以及典型做法反馈给决策者或者决策部门的一种信息反馈方法。① 广东省总结并回顾了十年资助育人体系的建设与历程，开展了诸多资助育人工作的特色研究，汇集了广东省各地区高校的典型做法和典型案例。这就是采用典型反馈法，为全省资助育人工作的完善与发展提供了极具参考意义的范本。

(四) 跟踪反馈法

跟踪反馈法是指在决策实施过程中对特定问题进行全面的跟踪，有计划、分步骤地连续反馈，形成一个反馈系列的信息反馈方法。② 采用跟踪反馈法必须结合思想政治教育的特点，分阶段推进。资助育人评价反馈并非一蹴而就，需要根据不同评估目标，确定反馈信息，并通过一定的反馈渠道，向评估决策者、评估对象或其他反馈信息接收者传递，促进反馈信息接收者强化或校正相关决策或行为，形成新的信息输出，对思想政治教育系统的构建和完善。对思想政治教育工作的过程和模式进行调节和优化，努力实现思想政治教育的目标和任务。③

资助育人评价反馈无论采用哪种方法，都要构建系统化和科学化的反馈机制，强调资助育人评价信息在输送与再输送过程中准确客观，确保资助育人工作向着健康高效的方向前进。

---

① 王兵. 图书馆立法决策服务中的信息反馈研究［J］. 图书馆建设，2012 (4)：43－45.

② Mills, Keren. M－Libraries：Information use on the move：A report from the Arcadia Programme［EB/OL］. (2018－08－24)［2019－05－31］. http://arcadiaproject.lib.cam.ac.uk/docs/M－Libraries_ report. pdf.

③ 教育部思想政治工作司. 思想政治教育原理与方法［M］. 北京：高等教育出版社，2010：239.

参 考 文 献

一、学术专著

[1] 陈万柏，张耀灿. 思想政治教育学原理 [M]. 3版. 北京：高等教育出版社，2015.

[2] 高兆明. 制度公正论 [M]. 上海：上海文艺出版社，2001.

[3] 广东省教育厅，广东省学生资助发展研究课题组. 广东省学生资助十年发展研究报告（2007—2016年）[M]. 广州：中山大学出版社，2017.

[4] 教育部思想政治工作司. 思想政治教育原理与方法 [M]. 北京：高等教育出版社，2010.

[5] 刘同舫，胡蓉. 马克思主义基本原理教程 [M]. 桂林：广西师范大学出版社，2010.

[6] 李秀林，王于，李淮春. 辩证唯物主义和历史唯物主义原理 [M]. 5版. 北京：中国人民大学出版社，2004.

[7] 龙玉其. 社会保障案例评析 [M]. 北京：经济管理出版社，2016.

[8] 毛泽东. 毛泽东选集：第1卷 [M]. 北京：人民出版社，1991.

[9] 邱伟光，张耀灿. 思想政治教育学原理 [M]. 北京：高等教育出版社，1999.

[10] 王康平. 高校学费政策的理论与实践 [M]. 厦门：厦门大学出版社，2001.

[11] 王茂胜. 思想政治教育评价论 [M]. 北京：中国社会科学出版社，2006.

[12] 徐顽强，张红方. 科技创新平台 [M]. 武汉：湖北科学技术出版社，2014.

[13] 郑永廷，胡树祥，骆郁廷. 思想政治教育方法论［M］. 北京：高等教育出版社，2010.

[14] 中共中央马克思恩格斯列宁斯大林著作编译局. 马克思恩格斯全集：第3卷［M］. 北京：人民出版社，1960.

[15] 中共中央马克思恩格斯列宁斯大林著作编译局. 马克思恩格斯全集：第42卷［M］. 北京：人民出版社，1965.

[16] 中共中央马克思恩格斯列宁斯大林著作编译局. 马克思恩格斯全集：第42卷［M］. 北京：人民出版社，1979.

[17] 中共中央马克思恩格斯列宁斯大林著作编译局. 马克思恩格斯全集：第1卷［M］. 北京：人民出版社，2009.

二、期刊论文

[1] 蔡颖. 高校学生资助工作队伍建设研究［J］. 当代教育理论与实践，2014（7）.

[2] 陈显德. 贫困与自立：对高校"贫困生"问题的反思［J］. 中国青年研究，2000（5）.

[3] 陈雄一，胡明宝. 构建素质教育评价体系的意义与原则［J］. 湖南社会科学，2003（3）.

[4] 陈玥. 论高校家庭经济困难学生资助育人工作的问题和对策［J］. 西南农业大学学报（社会科学版），2008（4）.

[5] 方江南，江银凤. 基于育人视角的高校学生资助工作思考［J］. 佳木斯职业学院学报，2016（9）.

[6] 冯留建，刘国瑞. 新时代高校思想政治教育内容创新研究［J］. 学校党建与思想教育，2018（14）.

[7] 傅晓华. 论大学生思想政治教育效果的评估［J］. 中南林业科技大学学报（社会科学版），2007（4）.

[8] 高艳丽，马彦周，高源. 高校学生发展型资助模式构建探究［J］. 湖北社会科学，2012（6）.

[9] 郭金玉,张忠彬,孙庆云. 层次分析法的研究与应用 [J]. 中国安全科学学报, 2008 (5).

[10] 韩丽. 需要与增权:贫困大学生帮扶机制的创新——以华南农业大学为例 [J]. 中国成人教育, 2014 (4).

[11] 韩梅,陈拥军,张丹丹. 精准扶贫视角下高校资助育人实施途径研究:以皖西学院为例 [J]. 吉林省教育学院学报, 2019 (2).

[12] 何清涟. 中国当代经济伦理的剧变 [J]. 开放时代, 1998 (1).

[13] 侯艳君,王迪. 大学生资助育人效果评估指标研究:基于层析分析法 [J]. 现代商贸工业, 2016 (22).

[14] 黄建烽,陈竹林. 基于教育认同理论的高校发展性资助体系研究与实践 [J]. 教育评论, 2016 (8).

[15] 黄建美,邹树梁. 高校资助育人创新视角:构建多维资助模式的路径探析 [J]. 中国高教研究, 2012 (4).

[16] 黄寂然. 高校资助育人工作队伍的管理与考核 [J]. 常州大学学报(社会科学版), 2013 (4).

[17] 胡筱曼. 国家助学金制度功能问题研究 [J]. 沿海企业与科技, 2008 (2).

[18] 胡银环. 试论学生资助制度在实现教育公平中的作用 [J]. 教育经济, 2000 (S1).

[19] 贾明超,范正祥,陆斌. "育人为本"资助理念视角下的高校资助工作探析 [J]. 中国地质大学学报(社会科学版), 2013 (S1).

[20] 金军. 高校思想政治教育评估及方法探析 [J]. 武汉科技学院学报, 2005 (3).

[21] 纪书燕,林叙群. 高校资助工作育人成效的保障机制研究 [J]. 湖北经济学院学报(人文社会科学版), 2016 (1).

[22] 李春华. 论构建现代思想政治教育评价体系的基本原则 [J]. 学校党建与思想教育, 2011 (32).

[23] 李贵平. 高校贫困生资助的发展性对策 [J]. 教育评论, 2014 (1).

[24] 李华. 基于互联网的高校资助育人工作信息系统构建［J］. 长春大学学报, 2017（7）.

[25] 李建发, 郭鹏. 中国大众化高等教育财政政策及其改革问题探讨［J］. 教育与经济, 2004（4）.

[26] 李仲元, 王国鑫. 思想政治教育效果评价浅析［J］. 经济与社会发展, 2008（3）.

[27] 林伯海, 李锦红, 宋刚. 浅析大学生隐性思想政治教育模式［J］. 思想政治教育研究, 2008（3）.

[28] 刘川生. 高校实践育人工作有效机制研究［J］. 思想理论教育导刊, 2016（12）.

[29] 刘俊杰, 杨颖. 推进贫困生社团组织建设：加强高校家庭经济困难学生教育的有效途径［J］. 新西部（下旬. 理论版）, 2012（Z1）.

[30] 刘鹏. 大学生创新精神与实践能力的培养［J］. 亚太教育, 2015（33）.

[31] 刘社欣, 郑永廷. 思想政治教育合力理论与实践研究［J］. 思想理论教育导刊, 2009（4）.

[32] 刘世勇, 王林清, 马彦周. 学生激励的新视角：发展性资助［J］. 湖北社会科学, 2010（11）.

[33] 刘晓芳. 大学生隐性思想政治教育研究［J］. 当代青年研究, 2006（4）.

[34] 刘一荻. 我国高校贫困生资助问题研究综述［J］. 株洲师范高等专科学校学报, 2007（1）.

[35] 马彦周, 高复阳. 高校构建发展型资助的必要性研究［J］. 湖北社会科学, 2011（1）.

[36] 苗苗. 人的全面发展是一个渐进过程：《1857—1858年经济学手稿》展示的人的发展观［J］. 学术界, 2014（4）.

[37] 彭小兰, 童建军. 论思想政治教育中隐性教育的四个维度［J］. 江汉论坛, 2009（3）.

［38］沈壮海，王绍霞. 隐性思想政治教育研究的补白之作：读《隐性思想政治教育基本理论研究》［J］. 思想教育研究，2014（5）.

［39］时胜利，崔华华. 思想政治教育实效性评价的困境及其出路［J］. 探索，2014（6）.

［40］司文超. 新时期高校实践育人工作的四个维度［J］. 思想教育研究，2015（6）.

［41］孙富林. 论马克思主义"需要理论"之意蕴要义［J］. 南京政治学院学报，2004（6）.

［42］田海舰. 马克思共同体思想探析［J］. 伦理学研究，2018（1）.

［43］王兵. 图书馆立法决策服务中的信息反馈研究［J］. 图书馆建设，2012（4）.

［44］王滨，张雪凤. 隐性思想政治教育研究述评［J］. 教育探索，2010（11）.

［45］王克仁，张剑，陈澜祯. 大学生德育评价工作现状及评价体系重构原则新探［J］. 党史文苑，2005（12）.

［46］王璐，刘亦嘉. 高校学生精准资助信息化管理的思考［J］. 华北电力大学学报（社会科学版），2018（3）.

［47］王铭，王守刚. 社会主义核心价值观视域下的高校资助育人工作探究［J］. 黑龙江教育（高教研究与评估），2016（6）.

［48］王英. 论教学信息反馈与课堂教学质量的关系［J］. 中国科教创新导刊，2012（9）.

［49］王子玉. 高校思想政治教育反馈调节机制建设刍议［J］. 边疆经济与文化，2014（9）.

［50］吴丽仙. 建立精准学生资助工作机制研究［J］. 教育评论，2015（9）.

［51］谢红霞. 高校发展性资助育人体系的构建［J］. 高校辅导员学刊，2014（6）.

［52］许翠梅. 我国大学生发展型资助体系构建研究［J］. 学校党建与思想教育，2016（5）.

[53] 徐蕾. 诚信的当代价值与大学生诚信教育 [J]. 学理论, 2014 (25).

[54] 徐刘宏. 搭建实践能力培养平台, 助力贫困大学生素质提升 [J]. 大学教育, 2018 (7).

[55] 徐小军. 构建动态发展性高校思想政治教育目标体系的必要性 [J]. 河北广播电视大学学报, 2006 (6).

[56] 杨娇. 高校资助育人工作存在的问题及建议 [J]. 西部素质教育, 2017 (6).

[57] 杨晓慧. 关于新时期高校学生精准资助工作的思考 [J]. 中国高等教育, 2016 (9).

[58] 杨振斌. 做好新形势下高校资助育人工作的实践和思考 [J]. 中国高等教育, 2018 (3).

[59] 叶志华. 关于提高学生资助工作公平和效率的思考 [J]. 中国电力教育, 2013 (16).

[60] 银红玉, 曾长秋. 马克思主义需要理论视阈下的思想政治教育价值探究 [J]. 思想教育研究, 2013 (5).

[61] 袁文斌, 刘普. 榜样教育的理论依据与心理机制 [J]. 河北大学学报 (哲学社会科学版), 2010 (1).

[62] 于成文, 鲍博, 刘冰. 以"励志、诚信、感恩"教育加强大学生思想政治教育工作 [J]. 北京教育 (高教版), 2014 (3).

[63] 张春玲. 提升资助育人工作效果探索 [J]. 理论观察, 2013 (4).

[64] 张凤莲. 马克思的个人发展理论及其当代价值 [J]. 哲学研究, 2006 (5).

[65] 张潞浯. 广东高校家庭经济困难学生资助政策探索 [J]. 湛江师范学院学报, 2013 (4).

[66] 张远航. 论高校家庭经济困难学生的"精准资助" [J]. 思想理论教育, 2016 (1).

[67] 展伟. 高校贫困生精准资助中的精准育人转向 [J]. 江苏高教, 2018 (6).

[68] 赵长太. 马克思需要理论形成路径初探[J]. 湖北社会科学, 2008（7）.

[69] 赵贵臣. 高校学生资助育人方式创新研究：坚持经济扶贫与精神扶志相结合[J]. 思想教育研究, 2012（8）.

[70] 赵婷. 论现代科学方法创新思想政治教育评价方法[J]. 企业导报, 2013（24）.

[71] 周鸿. 中国社会发展中的大资源问题及其根治对策[J]. 软科学, 2000（3）.

[72] 周书利. 高校大学生精准资助工作的探讨[J]. 才智, 2018（7）.

[73] 庄素娟. 基于贫困生教育引导的资助育人绩效提升研究[J]. 开封教育学院学报, 2016（4）.

[74] 朱善璐. 一流大学必须有一流学生资助体系[J]. 中国高等教育, 2016（9）.

三、学位论文

[1] 陈步云. 高校实践育人机制研究[D]. 长春：东北师范大学, 2017.

[2] 陈华洲. 思政政治教育资源论[D]. 上海：华东师范大学, 2007.

[3] 杜德省. 高校学生资助工作中的问题研究[D]. 上海：华东师范大学, 2010.

[4] 杜力尧. 思想政治教育的经济价值研究[D]. 长春：吉林大学, 2010.

[5] 甘剑锋. 和谐社会构建中高校贫困生问题研究：以郑州大学为例[D]. 武汉：华中师范大学, 2008.

[6] 敬坤. 大学生日常生活管理育人研究[D]. 武汉：武汉大学, 2015.

[7] 冀素兰. 思想政治教育价值研究[D]. 北京：首都师范大学, 2013.

[8] 梁红军. 德育视野下的高校资助育人体系研究[D]. 赣州：赣南师范大学, 2010.

[9] 史瑞根. 高校思想政治教育工作评价指标体系研究［D］. 太原：中北大学，2010.

[10] 王彩萍. 内蒙古地区生源地信用助学贷款存在的问题及其改进的研究［D］. 呼和浩特：内蒙古师范大学，2013.

[11] 王忠. 大学生思想政治教育实践育人机制创新研究［D］. 长春：东北师范大学，2016.

[12] 徐子欣. 高校学生资助育人功能研究［D］. 成都：四川师范大学，2016.

[13] 韦鸣. 我国高校资助育人研究［D］. 南京：南京师范大学，2017.

[14] 张威. 思想政治教育的社会价值研究［D］. 长春：东北师范大学，2006.

[15] 钟京凤. 大学生思想政治教育有效性评价研究［D］. 西安：西安建筑科技大学，2010.

四、报纸

[1] 陈宝生. 进一步加强学生资助工作［N］. 人民日报，2018－03－01（13）.

[2] 高靓. "十三五"期间实现"精准资助"［N］. 中国教育报，2016－03－12（1）.

[3] 沈晓明. 加强学生资助 助力脱贫攻坚［N］. 人民日报，2017－02－24（13）.

[4] 中共中央办公厅印发《关于培育和践行社会主义核心价值观的意见》［N］. 人民日报，2013－12－24（2）.

[5] 中共中央国务院发出《关于进一步加强和改进大学生思想政治教育的意见》［N］. 人民日报，2004－10－15（1）.

五、网址

[1] 广东省教育厅. 广东省学生资助政策简介（2018）［EB/OL］.（2018－06－28）［2019－06－01］. http://xsc.dgut.edu.cn/xszz/xxgg/1ch262vq63cch.xhtml.

［2］广东省教育厅. 关于帮助未申请"南粤扶残助学工程"助学金的残疾大学生补办申请手续的通知［EB/OL］. (2018 - 04 - 11)［2019 - 06 - 01］. http://zwgk. gd. gov. cn/006940116/201804/t20180423_761842. html.

［3］中华人民共和国教育部. 国务院关于建立健全普通本科高校高等职业学校和中等职业学校家庭经济困难学生资助政策体系的意见［EB/OL］. (2007 - 05 - 13)［2019 - 06 - 01］. http://www. moe. gov. cn/jyb_xxgk/moe_1777/moe_1778/tnull_27695. html.

［4］中华人民共和国教育部. 教育部 财政部关于印发《高等学校勤工助学管理办法（2018 年修订)》的通知［EB/OL］. (2018 - 08 - 24)［2019 - 06 - 01］. http://www. moe. gov. cn/srcsite/A05/s7505/201809/t20180903_347076. html.

［5］国家学生资助政策体系：高校学生资助政策［EB/OL］. (2012 - 11 - 20)［2019 - 06 - 01］. http://www. gov. cn/banshi/2012 - 11/20/content_2270862. htm.

［6］中华人民共和国教育部. 践行资助育人理念 促进学生全面发展：教育部召开高校资助育人工作座谈会［EB/OL］. (2016 - 07 - 28)［2019 - 06 - 01］. http://www. moe. gov. cn/jyb_xwfb/gzdt_gzdt/moe_1485/201607/t20160728_273235. html.

［7］中华人民共和国教育部. 教育部关于进一步加强高等学校学生资助工作机构建设的通知［EB/OL］. (2006 - 05 - 10)［2019 - 06 - 01］. http://www. moe. gov. cn/s78/A04/s7051/201006/t20100608_181282. html.

［8］中华人民共和国教育部. 十八大以来学生资助取得重大成效［EB/OL］. (2017 - 09 - 06)［2019 - 06 - 01］. http://www. moe. gov. cn/jyb_xwfb/xw_fbh/moe_2069/xwfbh_2017n/xwfb_20170906/sfcl_20170906/201709/t20170906_313499. html.

［9］中华人民共和国教育部. 中共教育部党组关于印发《高校思想政治工作质量提升工程实施纲要》的通知［EB/OL］. (2017 - 12 - 07)［2019 - 06 - 01］. http://www. moe. gov. cn/srcsite/A12/s7060/201712/t20171206_320698. html.

[10] 李忠军,钟启东.落实立德树人根本任务,必须抓住理想信念铸魂这个关键[EB/OL].(2018-05-31)[2019-06-01].http://opinion.people.com.cn/n1/2018/0531/c1003-30024346.html.

[11] 习近平总书记对广东工作作出重要批示[EB/OL].(2017-04-12)[2019-06-01].http://sz.people.com.cn/n2/2017/0412/c123932-30009883.html.

[12] 西北农林科技大学以五项育人工程做好资助育人工作[EB/OL].(2015-12-16)[2019-06-01].http://www.snedu.gov.cn/jynews/gdxx/201512/16/55209.html.

[13] 习近平.坚持中国特色社会主义教育发展道路 培养德智体美劳全面发展的社会主义建设者和接班人[EB/OL].(2018-09-10)[2019-06-01].http://cpc.people.com.cn/n1/2018/0910/c64094-30284598.html.

[14] 习近平在中国共产党第十九次全国代表大会上的报告[EB/OL].(2017-10-28)[2019-06-01].http://cpc.people.com.cn/n1/2017/1028/c64094-29613660.html.

[15] 习近平.在北京大学师生座谈会上的讲话[EB/OL].(2018-05-03)[2019-06-01].http://www.xinhuanet.com/2018-05/03/c_1122774230.htm.

[16] 习近平.高校立身之本在于立德树人[EB/OL].(2016-12-09)[2019-06-01].http://www.xinhuanet.com/mrdx/2016-12/09/c_135892530.htm.

[17] 习近平.把思想政治工作贯穿教育教学全过程[EB/OL].(2016-12-08)[2019-06-01].http://www.xinhuanet.com//politics/2016-12/08/c_1120082577.htm.

[18] 习近平.高举新时代改革开放旗帜 把改革开放不断推向深入[EB/OL].(2018-10-25)[2019-06-01].http://www.xinhuanet.com/politics/2018-10/25/c_1123614520.htm.

[19] 习近平. 在同各界优秀青年代表座谈时的讲话 [EB/OL]. (2013-05-04) [2019-04-16]. http://www.xinhuanet.com/politics/2013-05/04/c_115639203.htm.

[20] 广东省教育厅. 广东省教育厅关于公布我省首批学生资助工作专家库入选专家的通知 [EB/OL]. (2017-12-13) [2019-06-01]. http://www.gdhed.edu.cn/business/htmlfiles/gdjyt/tzgg/201712/515370.html.

[21] 教育部：将完善高校学生资助政策体系 落实精准资助 [EB/OL]. (2016-08-15) [2019-06-01]. http://www.xinhuanet.com//politics/2016-08/15/c_129229497.htm.

[22] 中华人民共和国教育部. 教育部 财政部关于进一步加强学生资助政策宣传工作的通知 [EB/OL]. (2015-08-13) [2019-06-01]. http://www.moe.gov.cn/srcsite/A05/s7505/201508/t20150817_200574.html.

后 记

资助育人是促进教育公平和社会公正、落实脱贫攻坚和共享发展理念、构建社会主义和谐社会的重要举措。党的十八大以来，党和政府高度重视学生资助工作，进一步建立健全国家学生资助政策体系，充分保障了"不让一个学生因家庭经济困难而失学"。作为国家资助政策的执行者，广东高校始终坚持贯彻落实党中央、国务院以及省委、省政府的决策部署，坚持"立德树人"这一根本任务，不断丰富发展学生资助内涵，积极探索保障型资助向发展型资助发展的道路，不断创新资助工作方法，资助育人工作成效显著，走出了一条"广东模式"的资助之路。

为进一步总结和推广广东高校资助育人工作的先进经验，本书的研究团队对广东高校资助育人工作进行了深入研究。在广东省教育厅和华南师范大学的关心支持下，本书的研究团队有幸申请到广东省教育科学规划课题（党的十九大精神研究专项）系列课题"新时代广东高校立德树人工作研究"之下的子课题"广东高校资助育人工作研究"。经过一年多的研究，组织学生工作一线的政工干部骨干共同编写了《广东高校资助育人工作研究》一书。本书借鉴相关理论，结合实践经验，从概述、目标、内容、资源、方法、平台、保障、评价等方面阐述广东高校资助育人工作，力图全面展现党的十八大以来广东高校资助育人工作的发展历程和主要成就，为高校资助育人相关研究和实践的创新发展提供借鉴和参考。

本书由华南师范大学学生工作部（处）部（处）长王岩负责全书策划、框架设计、修改和统稿。全书具体分工如下：林海岸撰写第一章，蔡颖撰写第二章，陈果撰写第三章，詹清光撰写第四章，张奕华撰写第五章，陈霞撰写第六章，周奋撰写第七章，荆懿撰写第八章；雷蕾参与修改与统稿。

本书在编著过程中参考了大量专家学者和高校学生资助工作者的研究成果，受到很大启发，在此深表感谢！文中引用的内容均采用脚注方式进行了标明，并在书末列出了主要参考文献。由于时间仓促，水平有限，难免有错漏和不当，敬请各位专家学者和读者批评指正。

编　者

2019 年 10 月